U0164146

文史哲學集成

左傳與國語之比較研究

顧立三著

文史哲出版社印行

左傳與國語之比較研究 / 顧立三著. -- 初
版.--臺北市：文史哲, 民 97.08 印刷
頁： 公分.（文史哲學集成；94）
參考書目：頁
ISBN 978-957-547-299-3 (平裝)

1. 中國 - 歷史 - 左傳與國語 - 評論

621.73

文史哲學集成 94

左傳與國語之比較研究

著　者：顧　立　三
出版者：文　史　哲　出　版　社
http://www.lapen.com.tw
e-mail：lapen@ms74.hinet.net
登記證字號：行政院新聞局版臺業字五三三七號
發行人：彭　正　雄
發行所：文　史　哲　出　版　社
印刷者：文　史　哲　出　版　社
臺北市羅斯福路一段七十二巷四號
郵政劃撥帳號：一六一八〇一七五
電話886-2-23511028・傳真886-2-23965656

實價新臺幣三〇〇元

中華民國七十二年（1983）十二月初版
中華民國九十七年（2008）八月 BOD 初版一刷

ISBN 978-957-547-299-3

左傳與國語之比較研究　目次

前言

研究史學史之主要任務：「能充分保留以往史學的原則原理，因此另外一門更專門的學問史學方法與之息息相通。」（註一）此將史學史與史部目錄學之性質分辨清楚，以此標準詳論近數十年來史學史之著作，不管總論斷代或專論一書，有很多極具價值之作品。

但其作品大多限於秦漢以後，論上左傳者較少，吾人公論春秋為我國第一部史書，因其經過搜集史料，加以選擇、整理、公平合理的解釋，然後寫出來的著作，但其文詞簡單，多為一二句之記載，又加有褒貶的字句參雜其中，無法瞭解當時之事實，所以今日討論其史學者，多解釋其微言大義，突破性的說明尚不多。其後當為春秋左氏傳，即通稱之左傳，與國語二書，討論兩書之論著，歷來左傳多於國語，往昔將左傳列於經學之中，論述衆多當為自然現象，近年來已目之為史籍，但對其討論範圍，仍停滯在著者為何人與成書年代，用方法之觀點分析其內容者尚不多。所獲見者，僅徐復觀教授於其原史一文中，稱說左傳已講因果關係，幷舉例證，所以稱之為我國第一部史書。（註二）苟僅因其敍述史實已用「因果關係」一個標準，決定左傳爲史著，則國語不應不稱爲史著，因國語之記事，亦有具原委，亦可從中取出一二事例，可爲作印證，所以其論斷，尚有值得商榷之處。

考兩書之關係，最早史記太史公自序云：「左丘失明，厥有國語。」（註三）其後王充論衡案書篇云：「國語，左氏之外傳也。」（註四）引起後世兩書爲一人所著與非一人所著之爭論，兩說各不相讓，張以仁教授於其「國語與左傳論集」中已相當肯定的說明，兩書非一人所著，當爲確論，自不必再嘵口舌。但兩書所記之事，同以春秋時代爲中心，更有不少同記一事者，但取材之多少不同，表達之繁簡有異，因兩書之著者著書之目的有別，遂成近似而不相同之著作。苟進一步比較，求其爲何不同，以推求著者之用意，對我國古代史學史之研究，自會有少許協助。

【註釋】

註一　杜維運　史學史與史學方法　二十世紀之科學（人文科學之部）史學　四〇頁　民五五年正中

註二　徐復觀　原史　中國史學史論文選集三　五二頁　民六十九年　華世

註三　司馬遷　太史公自序　新校本史記三家注　三三〇〇頁　民六十八　鼎文

註四　王充　案書篇　論衡集解　五六八頁　民五十一年　世界

上篇　左傳與國語撰寫取材之比較

一、論見於國語而不見於左傳之記載

本節所討者，爲國語有記載，而左傳所無者。

吾人皆知，在論述某一或某段歷史前，第一步工作是搜集資料。在搜集期間，唯恐不週到，故凡對本文稍有關係者，無不儘量抄錄，殆正式寫作時，爲求能將史實簡明扼要的陳現於讀者之前，便只能採用最重要之部份，其餘則捨棄不用。將自己辛苦所得之資料捨棄不用，自有其道理。如司馬光著資治通鑑以後，有考異之作，說明史料不用的理由。依此理，吾人可從左傳未採用的史料中探索其不用的道理。但這並不認定左傳寫作時，曾採用國語，因此二作者旣寫同一時代之歷史，搜集史料的範圍則相同。所搜傳者，雖不完全一樣，但亦應相近，所以在比較之下，卽可得其取與不取的標準。所得的論文，雖不能很正確，應相當接近。

另本節所採用爲比較對象，多屬可個別成立的完整事件。至於夾雜大事中之小事，因瑣碎暫不討論。所取用爲比較者，同性質者只取一、二例，不多做重覆說明。

國語魯語云：

海鳥曰「爰居」，止於魯東門之外三日，臧文仲使國人祭之。展禽曰：「越哉，臧孫之爲政也！夫祀，國之大節也；而節，政之所成也。故愼制祀以爲國典。今無故而加典，非政之宜也。……今海鳥至，已不知而祀之，以爲國典，難以爲仁且智矣。夫仁者講功，而智者處物。無功而祀之，非仁也；不知而不能問，非智也。今茲海其有災乎？夫廣以之鳥獸，恆知避其災也。（註一）

國語記有海鳥名爰居，停於魯國東門外三日，臧文仲命國人去祭牠，展禽批評這是不應當的。這與魯國國政無關，是以左傳未錄。

國語魯語云：

文公欲弛孟文子之宅，使謂之曰：「吾欲利子於外之寬者。」對曰：「夫位，政之建也；署，位之表也；車服，表之章也；宅，章之次也；祿，次之食也。君議五者以建政，爲不易之故也。今有司來命易臣之署與其車服，而曰：『將易而次，爲寬利也。』夫署，所以朝夕虔君命也。臣立先臣之署，服其車服，爲利故而易其次，是辱君命也，不敢聞命。若罪也，則請納祿與車服而違署，唯里人所命次。」公弗取。臧文仲聞之曰：「孟孫善守矣，其可以蓋穆伯而守其後於魯乎！」公欲弛郈敬子之宅，亦如之。對曰：「先臣惠伯以命於司里，嘗、禘、蒸、享之所致君胙者有數矣。出入受事之幣以致君命者，亦有數矣。今命臣更次於外，爲有司之以班命事也，無乃違乎！請從司徒以班徙次。」公亦不取。（註二）

魯文公欲毀孟文子（伯穀）及郈敬子（敬伯同）之住屋以擴大他的宮殿，二人皆嚴詞拒絕，國語錄二人答詞，而左傳闕如，概因關係國政不大。

國語楚語云：

王孫圉聘於晉，定公饗之，趙簡子鳴玉以相，問於王孫圉曰：「楚之白珩猶在乎？」對曰：「然。」簡子曰：「其爲寶也，幾何矣。」

曰：「未嘗爲寶。楚之所寶者，曰觀射父，能作訓辭，以行事於諸侯，使無以寡君爲口實。又有左史倚相，能道訓典，以敍百物，以朝夕獻善敗於寡君，使寡君無忘先王之業；又能上下說於鬼神，順道其欲惡，使神無有怨痛於楚國。又有藪曰雲連徒洲，金木竹箭之所生也。龜、珠、角、齒、皮、革、羽、毛，所以備賦，以戒不虞者也。所以共幣帛，以賓享於諸侯者也。若諸侯之好幣具，而導之以訓辭，有不虞之備，而皇神相之，寡君其可以免罪於諸侯，而國民保焉，此楚國之寶也。若夫白珩，先王之玩也，何寶之焉？」

「圉聞國之寶六而已。明王聖人能制議百物，以輔相國家，則寶之；玉足以庇廕嘉穀，使無水旱之災，則寶之；龜足以憲臧否，則寶之；珠足以禦火災，則寶之；金足以禦兵亂，則寶之；山林藪澤足以備財用，則寶之。若夫譁囂之美，楚雖蠻夷，不能寶也。」

（註三）

楚國王孫圉出使晉國，在饗宴席上，與趙簡子討論楚國白珩寶物，王孫圉認爲國家有人才及有用實物，始可爲寶。此種言論，左傳於他處有類似之記載，但王孫圉之使晉，在晉楚關係中，未生重大影響，是以未記。

國語吳語云：

吳王夫差既退于黃池，乃使王孫苟告勞于周，曰：「昔者楚人爲不道，不承共王事，以遠我一二兄弟之國。吾先君闔廬不貫不忍，被甲帶劍，挺鈹搢鐸，以與楚昭王毒逐於中原柏舉。天舍其衷，楚師敗績，王去其國，遂至于郢。王總其百執事，以奉其社稷之祭。其父子、昆弟不相能，夫概王作亂，是以復歸於吳。今齊侯壬不鑒於楚。又不承共王命，以遠我一二兄弟之國。夫差不貫不忍，被甲帶劍，挺鈹搢鐸，遵汶伐博，簦笠相望於艾陵。天舍其衷，齊師還。夫差豈敢自多，文、武寔舍其衷。歸不稔於歲，

余沿江泝淮，闕溝深水，出於商、魯之閒，以徹於兄弟之國。夫差克有成事，敢使苟告於下執事。」（註四）

國語記吳王夫差不以越國是懼，便使臣王孫苟赴周天子處，炫耀功績。此種空言，左傳無記載，實其宜也。

國語晉語云：

文公學讀書於臼季，三日曰：「吾不能行也咫，聞則多矣。」對曰：「然而多聞以待能者，不猶愈也？」

文公問於郭偃曰：「始也，吾以治國爲易，今也難。」對曰：「君以爲易，其難也將至矣。君以爲難，其易也將至焉。」

文公問於胥臣曰：「吾欲使陽處父傅讙也而教誨之，其能善之乎？」對曰：「是在讙也。蘧蒢不可使俯，戚施不可使仰，僬僥不可使舉，侏儒不可使援，矇瞍不可使視，嚚瘖不可使言，聾聵不可使聽，童昏不可使謀。質將善而賢良贊之，則濟可竢。若有違質，教將不入，其何善之爲！臣聞昔者大任娠文王不變，少溲於豕牢，而得文王不加疾焉。文王在母不憂，在傅弗勤，處師弗煩，事王不怒，孝友二虢，而惠慈二蔡，刑于大姒，比於諸弟。詩云：『刑于寡妻，至于兄弟，以御于家邦。』於是乎用四方之賢良。及其卽位也，詢于『八虞』，而諮于『二虢』，度於閎夭而謀於南宮，諏於蔡、原而訪於辛、尹，重之以周、邵、畢、榮，億寧百神，而柔和萬民。故詩云：『惠于宗公，神罔時恫。』若是，則文王非專教誨之力也。」公曰：「然則教無益乎？」對曰：「胡爲文，益其質。故人生而學，非學不入。」公曰：「奈夫八疾何！」對曰：「官師之所材也，戚施直鎛，蘧蒢蒙璆，侏儒扶盧，矇瞍修聲，聾聵司火。童昏、嚚瘖、僬僥，官師之所不材也，以實裔土。夫教者，因體能質而利之者也。若川然有原，以卬浦而後大。」（註五）

國語記載此三者：一爲文公於學讀書時之感言，二爲文公治國之感言，三爲文公欲陽處父爲其太子讙之傳，雙方對話，陽處父論教育功能限度，此三者皆與國政無關，左傳未錄，是其宜也。

國語楚語云：

昭王問於觀射父，曰：「周書所謂重、黎寔使天地不通者，何也？若無然，民將能登天乎？」

對曰：「非此之謂也。古者民神不雜。民之精爽不攜貳者，而又能齊肅衷正，其智能上下比義，其聖能光遠宣朗，其明能光照之，其聰能聽徹之，如是則明神降之，在男曰覡，在女曰巫。是使制神之處位次主，而爲之牲器時服，而後使先聖之後之有光烈，而能知山川之號、高祖之主、宗廟之事、昭穆之世、齊敬之勤、禮節之宜、威儀之則、容貌之崇、忠信之質、煙絜之服，而敬恭明神者，以爲之祝。使名姓之後，能知四時之生、犧牲之物、玉帛之類、采服之儀、彝器之量、次主之度、屏攝之位、壇場之所、上下之神、氏姓之出，而心率舊典者爲之宗。於是乎有天地神民類物之官，是謂五官，各司其序，不相亂也。民是以能有忠信，神是以能有明德，民神異業，敬而不瀆，故神降之嘉生，民以物享，禍災不至，求用不匱。

「及少皞之衰也，九黎亂德，民神雜糅，不可方物。夫人作享，家爲巫史，無有要質。民匱於祀，而不知其福。烝享無度，民神同位。民瀆齊盟，無有嚴威。神狎民則，不蠲其爲。嘉生不降，無物以享。禍災薦臻，莫盡其氣，顓頊受之，乃命南正重司天以屬神，命火正黎司地以屬民，使復舊常，無相侵瀆，是謂絕地天通。

「其後，三苗復九黎之德，堯復育重、黎之後，不忘舊者，使復典之。以至於夏、商，故重、黎氏世敘天地，而別其分主者也。其在周，程伯休父其後也，當宣王時，失其官守，而爲司馬氏。寵神其祖，以取威於民，曰：『重寔上天，黎寔下地。』遭世之亂，而莫之能禦也。不然，夫天地成而不變，何比之有？」（註六）

楚昭王根據周書問觀射父，人是否可以登天？觀射父向之解釋說明，古代神與民之交通由覡巫，幷列舉他們的功能，使神民不亂，所以「民神異業，敬而不瀆。」幷說「故神降之嘉生，民以物享，禍災不至，求用不匱。」更舉出自少皞以後，祭神官職之演變，無關國政，是以左傳未記。但研究古代官制者曾用之爲佐證。

國語周語云：

靈王二十二年，穀、洛鬬，將毀王宮。王欲壅之，太子晉諫曰：「不可。晉聞古之長民者，不墮山，不崇藪，不防川，不竇澤。夫山，土之聚也；藪，物之歸也；川，氣之導也；澤，水之鍾也。夫天地成而聚於高，歸物於下。疏爲川谷，以導其氣；陂塘汙庳，以鍾其美。是故聚不阤崩，而物有所歸；氣不沈滯，而亦不散越。是以民生有財用，而死有所葬。然則無夭、昏、札、瘥之憂，而無飢、寒、乏、匱之患，故上下不能相固，以待不虞，古之聖王唯此之愼。

「昔共工棄此道也，虞于湛樂，淫失其身，欲壅防百川，墮高堙庳，以害天下。皇天弗福，庶民弗助，禍亂並興，共工用滅。其在有虞，有崇伯鮌，播其淫心，稱遂共工之過，堯用殛之于羽山。其後伯禹念前之非度，釐改制量，象物天地，比類百則，儀之于民，而度之于羣生，共之從孫四嶽佐之，高高下下，疏川導滯，鍾水豐物，封崇九山，決汨九川，陂鄣九澤，豐殖九藪，汨越九原，宅居九隩，合通四海。故天無伏陰，地無散陽，水無沈氣，火無災燀，神無閒行，民無淫心，時無逆數，物無害生。帥象禹之功，度之于軌儀，莫非嘉績，克厭帝心。皇天嘉之，祚以天下，賜姓曰『姒』、氏曰『有夏』，謂其能以嘉祉殷富生物也。祚四嶽國，命以侯伯，賜姓曰『姜』、氏曰『有呂』，謂其能爲禹股肱心膂，以養物豐民人也。

「此一王四伯，豈緊多寵？皆亡王之後也。唯能釐舉嘉義，以有胤在下，守祀不替其典。有夏雖衰，杞、鄫猶在；申、呂雖衰，齊、許猶在。唯有嘉功，以命姓受祀，迄于天下。及其失之也，必有慆淫之心閒之。故亡其氏姓，踣斃不振；絕後無主，湮替隸圉。夫亡者豈緊無寵？皆黃、炎之後也。唯不帥天地之度，不順四時之序，不度民神之義，不儀生物之則，以殄滅無胤，至于今不祀。及其得之也，必有忠信之心閒之。度於天地而順於時動，和於民神而儀於物則，故高朗令終，顯融昭明，命姓受氏，而附之以令名。若啓先王之遺訓，省其典圖刑法，而觀其廢興者，皆可知也。其興者，必有夏、呂之功焉；其廢者，必有共、鮌之敗焉。今吾執政無乃實有所避，而滑夫二川之神，使至於爭明，以妨王宮，王而飾之，無乃不可乎！

「人有言曰：『無過亂人之門。』又曰：『佐饔者嘗焉，佐鬬者傷焉。』又曰：『禍不好，不能爲禍。』詩曰：『四牡騤騤，旟旐有翩，亂生不夷，靡國不泯。』又曰：『民之貪亂，寧爲荼毒。』夫見亂而不惕，所殘必多，其飾彌章。民有怨亂，猶不可遏，而況神乎？王將防鬬川以飾宮，是飾亂而佐鬬也，其無乃章禍且遇傷乎？自我先王厲、宣、幽、平而貪天禍，至于今未弭。我又章之，懼長及子孫，王室其愈卑乎？其若之何？

「自后稷以來寧亂，及文、武、成、康而僅克安民。自后稷之始基靖民，十五王而文始平之，十八王而康克安之，其難也如是。厲始革典，十四王矣。基德十五而始平，基禍十五其不濟乎！吾朝夕儆懼，曰：『其何德之修，而少光王室，以逆天休？』王又章輔禍亂，將何以堪之？王無亦鑒于黎、苗之王，下及夏、商之季，上不象天，而下不儀地，中不和民，而方不順時，不共神祇，而蔑棄五則。是以人夷其宗廟，而火焚其彝器，子孫爲隸，下夷於民，而亦未觀夫前哲令德之則。則此五者而受天之豐福，饗民之勳力，子孫豐富，令聞不忘，是皆天子之所知也。

「天所崇之子孫，或在畎畝，由欲亂民也。畎畝之人，或在社稷，由欲靖民也。無有異焉！詩云：『殷鑒不遠，在夏后之世。』將焉用飾宮？其以徼亂也。度之天神，則非祥也。比之地物，則非義也。類之民則，則非仁也。方之時動，則非順也。咨之前訓，則非正也。觀之詩書，與民之憲言，則皆亡王之爲也。上下議之，無所比度，王其圖之！夫事大不從象，小不從文。上非天刑，下非地德，中非民則，方非時動而作之者，必不節矣。作又不節，害之道也。」

王卒壅之。及景王多寵人，亂於是乎始生。景王崩，王室大亂。及定王，王室遂卑。

（註七）

國語記穀洛二水將冲毀王宮，周靈王欲將之壅塞，太子晉諫之。王卒壅之。左傳未記，推測其原因，此時之周，名位雖尊，在各國間已無一點影響力。吾人知歷史所記，須爲有意義之事實。所謂有意義，指對當時社會及未來發展有影響者。空名未在歷史家考慮範圍之內，更言之，太子晉之言論，非常迂濶，亦無需記載。

國語晉語云：

獻公卜伐驪戎，史蘇占之，曰：「勝而不吉。」公曰：「何謂也？」對曰：「遇兆，挾以銜骨，齒牙爲猾，戎、夏交捽。交捽，是交勝也，臣故云。且懼有口，攜民，國移心焉。」公曰：「何口之有！口在寡人，寡人弗受，誰敢興之？」對曰：「苟可以攜，其入也必甘受，逞而不知，胡可壅也？」公弗聽，遂伐驪戎，克之。……飲酒出，史蘇告大夫曰：「有男戎必有女戎。若晉以男戎勝戎，而戎亦必以女戎勝晉，其若之何！」里克曰：「何如？」史蘇曰：「昔夏桀伐有施，有施人以妹喜女焉，妹喜有寵，於是乎與伊尹比而亡夏。殷辛伐有蘇，有蘇氏以妲己女焉，妲己有寵，於是乎與膠鬲比而亡殷。周幽王伐有褒，褒人以褒姒女焉，褒姒有寵，生伯服，於是乎與虢石甫比，逐太子宜臼而立伯服。太子出奔申，申人、鄫人召西戎以伐周，周於是乎亡。今晉寡德而安俘女，又增其寵，雖當三季之王，不亦可乎？……

郭偃曰：「夫三季王之亡也宜。民之主也，縱惑不疚，肆侈不違，流志而行，無所不疚，是以及亡而不獲追鑒。今晉國之方，偏侯也。其土又小，大國在側，雖欲縱惑，未獲專也。大家、鄰國將師保之，多而驟立，不其集亡。雖驟立，不過五矣。且夫口，三五之門也。是以讒口之亂，不過三五。且夫挾，小鯁也。可以小戕，而不能喪國。當之者戕焉，於晉何害？雖謂之挾，而猾以齒牙，口弗堪也，其與幾何？晉國懼則甚矣，亡猶未也。……」

史蘇朝，告大夫曰：「二三大夫其戒之乎，亂本生矣！日，君以驪姬爲夫人，民之疾心固皆至矣。昔者之伐也，興百姓以爲百姓也，是以民能欣之，故莫不盡忠極勞以致死也。今君起百姓以自封也，民外不得其利，而內惡其貪，則上下既有判矣；然而又生男，其天道也？天彊其毒，民疾其態，其亂生哉！吾聞君之好好而惡惡，樂樂而安安，是以能有常。伐木不自其本，必復生；塞水不自其源，必復流；滅禍不自其基，必復亂。今君滅其父而畜其子，禍之基也。畜其子，又從其欲，子思報父之恥而信其欲，雖好色，必惡心，不可謂好。好其色，必授之情。彼得其情以厚其欲，從其惡心，必敗國且深亂。亂必自女戎，三代皆然。」驪姬果作難，殺太子而逐二公子。君子曰：「知難本矣。」（註八）

左傳莊公二十八年云：

莊公二十八年，晉獻公娶于賈，無子。烝於齊姜，生秦穆夫人及大子申生。又娶二女於戎，大戎狐姬生重耳，小戎子生夷吾。晉伐驪戎。驪戎男女以驪姬，歸，生奚齊，其娣生卓子。驪姬嬖，欲立其子，賂外嬖梁五與東關嬖五，使言於公曰：「曲沃，君之宗也；蒲與二屈，君之疆也，不可以無主。宗邑無主，則民不威；疆埸無主，則啟戎心。戎之生心，民慢其政，國之患也。若使大子主曲沃，而重耳、夷吾主蒲與屈，則可以威民而懼戎，且旌君伐。」使俱曰：「狄之廣莫，於晉爲都。晉之啟土，不亦宜乎？」晉侯說之。夏，使大子居曲沃，重耳居蒲城，夷吾居屈，群公子皆鄙，惟二姬之子在絳。二五卒與驪姬譖群公子，而立奚齊。晉人謂之「二五耦」。（註九）

晉獻公將伐驪戎，先使史蘇卜卦，史蘇依卦判斷不吉利，并舉夏桀、商紂、周幽三王之事件作爲證明，計二百七十餘字，次郭偃認爲驪姬雖然爲亂，但晉國偏小，不致如三王之亡國。計三百六十餘字。再驪姬既立爲夫人，幷生子奚齊，史蘇又强調晉國必亂，計三百四十餘字，所說甚合情理。三者左傳均未記載。晉國自戰驪戎以後，獲其二女驪姬，獻公納之，得寵生子，並謀殺太子申生，使晉國動亂數十年，情況誠如所預料，但其對晉國以後之演變，未發生任何影響。歷史家所注意與選擇者，爲史事原因之探討與採擇，亦即因果關係之尋求，左傳未採用，甚爲合理。

國語魯語云：

晉人殺厲公，邊人以告，成公在朝。公曰：「臣殺其君，誰之過也？」大夫莫對，里革曰：「君之過也。夫君人者，其威大矣。失威而至於殺，其過多矣。且夫君也者，將牧民而正其邪者也，若君縱私回而棄民事，民旁有慝無由省之，益邪多矣。若以邪臨民，陷而不振，用善不肯專，則不能使，至於殄滅而之恤也，將安用之？桀奔南巢，紂踣于京，厲流于彘，幽滅于戲，皆是術也。夫君也者，民之川澤也。行而從之，美惡皆君之由，民何能爲焉。」（註一〇）

左傳成公十八年云：

十八年春王正月庚申，晉欒書、中行偃使程滑弒厲公，使荀罃、士魴逆周子於京師而

立之，生十四年矣。大夫逆于清原。……。（註一一）

國語記魯臣里革借晉弒君事以諫魯成公，此與晉厲公被弒無直接關係，左傳是以不載。里革以此諫君，記載亦無不可，是由兩書立意不同故也。

國語周語云：

晉孫談之子周適周，事單襄公，立無跛，視無還，聽無聳，言無遠；言敬必及天，言忠必及意，言信必及身，言仁必及人，言義必及利，言智必及事，言勇必及制，言教必及辯，言孝必及神，言惠必及和，言讓必及敵；晉國有憂未嘗不戚，有慶未嘗不怡。襄公有疾，召頃公而告之，曰：「必善晉周，將得晉國。其行也文，能文則得天地。天地所胙，小而後國。夫敬，文之恭也；忠，文之實也；信，文之孚也；仁，文之愛也；義，文之制也；智，文之輿也；勇，文之帥也；教，文之施也；孝，文之本也；惠，文之慈也；讓，文之材也。象天能敬，帥意能忠，思身能信，愛人能仁，利制能義，事建能智，帥義能勇，施辯能教，昭神能孝，慈和能惠，推敵能讓，此十一者，夫子皆有焉。……必早善晉子，其當之也。」（註一二）

周為晉悼公也，其接厲公為晉君，但他何年赴周，左傳無記載。國語所記為單襄公讚其行為之辭。左傳亦無記載，不過與其於魯成公十八年返國經過所記載比較，得其大概。

吾人見左傳記悼公所以被立，因「周子有兄而無慧，不能辨菽麥，故不可立。」（左傳成公十八年，頁九〇七）說明是由於外在因素，非因個人涵養優美者也，傳以此觀點成文，其文不錄，是所當然。

國語周語云：

溫之會，晉人執衞成公歸之于周。晉侯請殺之，王曰：「不可。夫政自上下者也，上作政，而下行之不逆，故上下無怨。今叔父作政而不行，無乃不可乎？夫君臣無獄，今元咺雖直，不可聽也。君臣皆獄，父子將獄，是無上下也。而叔父聽之，一逆矣。又爲臣殺其君，其安庸刑？布刑而不庸，再逆矣。一合諸侯，而有再逆政，余懼其無後。不然，余何私於衞侯？」晉人乃歸衞侯。（註一二）

衞成公仗勢楚國，不服晉文公，聞楚軍敗於城濮，遂出奔楚國，命元咺及其弟叔武參加踐土盟會，并守護衞國。晉人復成公位，成公入時殺叔武，於是元咺出奔晉。在溫盟會時，成公與元咺互訟未能勝利，文公將之捕送京師請殺掉他。國語記載周王不同意之一段說詞。考左傳於魯僖公二十八年，將事情經過有詳細說明，但無周王語。實際上晉文公並未遵周王決定免衞侯死，命醫衍用酖酒毒死他，醫師受賄，冲淡酖酒，所以不死，爲此事之另一轉變，左傳未採錄周王語，概其爲未生效之言論也。

左傳中亦有未生效言論之記載，多爲雙方對一事討論時正反兩意見，遂同時採錄。

國語晉語云：

臼季使，舍於冀野。冀缺薅，其妻饁之，敬，相待如賓。從而問之，冀芮之子也，與之歸；既復命，而進之曰：「臣得賢人，敢以告。」文公曰：「其父有罪，可乎？」對曰：「國之良也，滅其前惡，是故舜之刑也殛鯀，其舉也興禹。今君之所聞也。齊桓公親舉管敬子，其賊也。」公曰：「子何以知其賢也？」對曰：「臣見其不忘敬也。夫敬，德之恪也。恪於德以臨事，其何不濟！」公見之，使爲下軍大夫。（註一四）

晉文公返國時，冀芮與呂甥謀弒文公，秦穆公殺之，而臼季見其子冀缺甚賢，荐之文公。文公初以爲難，終因臼季極力推荐，因爲下軍大夫。任用仇人之子，任賢愛材，誠爲嘉事，但冀氏在晉後世，無喧赫之功，左傳未錄，實其宜也。

國語晉語云：

趙文子冠，見欒武子，武子曰：「美哉！昔吾逮事莊主，華則榮矣，實之不知，請務實乎。」

見中行宣子，宣子曰：「美哉！惜也，吾老矣。」

見范文子，文子曰：「而今可以戒，夫賢者寵至而益戒，不足者爲寵驕。故興王賞諫臣，逸王罰之。吾聞古之王者，政德既成，又聽於民，於是乎使工誦諫於朝，在列者獻詩使勿兜，風聽臚言於市，辨祅祥於謠，考百事於朝，問謗譽於路，有邪而正之，盡戒之術也。先王疾是驕也。」

見郤駒伯，駒伯曰：「美哉！然而壯不若老者多矣。」

見韓獻子，獻子曰：「戒之，此謂成人。成人在始與善。始與善，善進善，不善蔑由至矣；始與不善，不善進不善，善亦蔑由至矣。如草木之產也，各以其物。人之有冠，猶宮室之有牆屋也，糞除而已，又何加焉。」

見智武子，武子曰：「吾子勉之，成、宣之後而老爲人夫，非恥乎！成子之文，宣子之忠，其可忘乎！夫成子導前志以佐先君，導法而卒以政，可不謂文乎！夫宣子盡諫於襄、靈，以諫取惡，不憚死進，可不謂忠乎！吾子勉之，有宣子之忠，而納之以成子之文，事君必濟。」

見張老而語之，張老曰：「善矣，從欒伯之言，可以滋；范叔之教，可以大；韓子之戒，可以成。物備矣，志在子。若夫三郤，亡人之言也，何稱述焉！智子之道善矣，是先主覆露子也。」（註一五）

魯成公八年，趙同、趙括遭難，趙武藏於宮中始免，經韓厥向景公解說，使趙武再出，繼趙氏舊業。國語記載趙武拜見當時朝臣，各人對他的告誡言語，於國政關係不大，左傳無記載，甚爲確當，而左傳將其經過簡略說明，雖不如史記晉世家記載詳細曲折，但吾人可知趙氏興衰之經緯。

國語晉語云：

趙文子爲室，斲其椽而礱之，張老夕焉而見之，不謁而歸。文子聞之，駕而往，曰：「吾不善，子亦告我，何其速也？」對曰：「天子之室，斲其椽而礱之，加密石焉；諸侯礱之；大夫斲之；士首之。備其物，義也；從其等，禮也。今子貴而忘義，富而忘禮，吾懼不免，何敢以告。」文子歸，令之勿礱也。匠人請皆斲之，文子曰：「止。爲後世之見之也，其斲者，仁者之爲也，其礱者，不仁者之爲也。」

趙文子與叔向遊於九原，曰：「死者若可作也，吾誰與歸？」叔向曰：「其陽子乎！」文子曰：「夫陽子行廉直於晉國，不免其身，其知不足稱也。」叔向曰：「其舅犯乎！」文子曰：「夫舅犯見利而不顧其君，其仁不足稱也。其隨武子乎！納諫不忘其師，言身不失其友，事君不援而進，不阿而退。」（註一六）

趙文子作室時逾其分位，仿天子作宮之法，將屋椽彫刻並磨光，張老諫說以後，文子隨卽改正，此種從善如流之作風，誠值得讚美，與國政並無關係。其次，國語記錄趙文子遊九原時對前人之評論，與國政關係更淺，左傳因此不錄。此後國語所記趙簡子諸事，爲其個人與家臣瑣事，故不再多述。

國語楚語云：

惠王以梁與魯陽文子，文子辭，曰：「梁險而在境，懼子孫之有貳者也。夫事君無憾，憾則懼偪，偪則懼貳。夫盈而不偪，憾而不貳者，臣能自壽，不知其他。縱臣而得全其首領以沒，懼子孫之以梁之險，而乏臣之祀也。」王曰：「子之仁，不忘子孫，施及楚國，敢不從子。」與之魯陽。（註一七）

楚惠王欲將梁賜給魯陽文子，文子認爲梁地險要，恐子孫不能守，所以加以謝辭。國語所記是讚魯陽文子之見識，與楚政無關，是以左傳未錄。

國語楚語云：

屈到嗜芰。有疾，召其宗老而屬之，曰：「祭我必以芰。」及祥，宗老將薦芰，屈建命去之。宗老曰：「夫子屬之。」子木曰：「不然。夫子承楚國之政，其法刑在民心而藏在王府，上之可以比先王，下之可以訓後世，雖微楚國，諸侯莫不譽。其祭典有之曰：國君有牛享，大夫有羊饋，士有豚犬之奠，庶人有魚炙之薦，籩豆、脯醢則上下共之。不羞珍異，不陳庶侈。夫子不以其私欲干國之典。」遂不用。（註一八）

左傳襄公二十五年云：

薳子馮卒，屈建爲令尹，屈蕩爲莫敖。………（註一九）

國語記楚卿屈到生時好吃芰，所以死時囑其宗人祭時必用芰，到了祭祀時，他的兒子不允，認爲屈到生前曾主持國政，一切均應依定制，不可違反。左傳認爲無關國政，是以不錄。

吾人通稱的歷史，只是以往所發生事件之記載，這些記載又是根據前人對這些事記載選擇改寫而來，改寫的第一步是考證事件是否眞實，第二步就是選擇那些事應當採用，那些事不應當採用，採用的我們稱之爲歷史事實。

因爲人類各人所做的事，依性質說，幷無甚特殊，都是生老病死、衣食住行、交友、互鬥、互殺……等等，從數量說，如果將衆多人的每人每事都記載，是不知其數的，讀歷史的人所要曉得的，只是極少數，歷史家以有限生命，從事搜集，選擇者，數量亦是甚微，所以只能選擇有意義者記載，（註二〇）另外就要拋棄許多無意義的事實，吾人知每件事都與其他事有關係，而這種關聯必須發生在某一件或某個人的身上，某人某事又關聯更大的事上，一層一層的推上去，構成某一種比它更大事的一部份，這件事我們就認爲它有意義，例如：中山先生由火奴魯返國，船進港時，清吏借查驗船隻勒索歸僑，歷史書籍記載了，（註二一）記載的原因，是中山先生由此對清廷反感，積極革命。就是說這件事發生在中山先生的身上，更重要的是中山先生發動革命，推翻清廷，成立了中華民國，在我們中國歷史中是一件非常大的事，相反的，我們可以想到，清末僑胞歸國的一定非常的多，未見記載，與中山先生同船者，亦應有數十人，也無記載，因爲他們與革命未發生關聯。

進一步要瞭解，歷史所記載中山先生的，不是涓滴不遺的，吾人知中山先生爲革命奔走，周遊各國，接見人客與志士，是相當多的，但所記載的只是少數，不記載的還是相當的多，那些多數事件，在史家認爲對中山先生的革命事業無影響，就是說無意義。

關於史實與歷史家的關係，是史學界討論相當多的問題，歷史主義的人認爲「歷史家的任務僅是說明歷史的眞相」，（註二二）這就表示絕對，毫無彈性了。二十世紀初十年，已開始在轉變，後來如英國卡爾說：「史實之能否說話，全靠史學家讓他說話，是歷史家來決定什麼事可以登場，依據什麼次序或什麼場合登場。」（註二三）實際幷不如其所說，還是有原則的，假如用劉和幾所提的史識來解釋，還相當確當，史通雜說篇下說：「假有學窮千載，書總五車，見良直不覺其善，逢牴牾而不知其失，葛洪所謂『藏書之箱篋，五經之主人』而夫子有云：『雖多，亦安用爲』？其斯爲也。」（註二四）杜維運兄將之解釋：「是史學家的觀察力，亦是史學家選擇事實的能力，史學家有眼光選擇極具意義的一般事實使其變成歷史事實，並揚棄無意義的事實，大史家與一般史家的分野在此。」（註二五）

吾人知左傳作者所注意者爲該時代之政治，當時的政治爲兩方面，一是國際的，一是國內的。所謂國際者，爲霸主爭霸之戰爭，以及各國間之盟會朝聘等等。國內政治爲關係國家興亡盛衰之事件，并包括有權力卿大夫的種種有關國政之行事，他們之間的關係是錯綜複雜，互有影響，無法分割的。國際紛爭，各國國內的權力鬥爭與轉移，整個權力結構的改變，每件事都爲歷史所注意，但在寫作時，必只取其與這些事有直接影響者，而捨棄許多無關或關係淺淡之史料，若不如此，該著作極易變成煩蕪瑣碎，使讀者注意力分散，無法瞭解此時代確實演變之狀況。前面所列國語有而左傳無之十五事，是從許多左傳未採之各事中選擇舉例者，至於所選用之事例，約可分爲八類：與政治無關者四事，空言者二事，無影響者二事，一外國事，一未生效事，對未來無影響者一事，與事實不合者一事，臣子的私人事三件。是以知與當時政治無關者是多方面的，也可以知左傳作者選擇材料之謹嚴。

當然左傳仍有其遺漏者，如國語晉語云：

元年春，公及夫人嬴氏至自王城。秦伯納衞三千人，實紀綱之僕。公屬百官，賦職任功。棄責薄斂，施舍分寡。救乏振滯，匡困資無。輕關易道，通商寬農。懋穡勸分，省用足財。利器明德，以厚民性。舉善援能，官方定物，正名育類。昭舊族，愛親戚，明賢良，尊貴寵，賞功勞，事耇老，禮賓旅，友故舊。胥、籍、狐、箕、欒、郤、柏、先、羊舌、董、韓，寔掌近官。諸姬之良，掌其中官。異姓之能，掌其遠官。公食貢，大夫食邑，士食田，庶人食力，工商食官，皁隸食職，官宰食加。政平民阜，財用不匱。（註二六）

晉文公回國的政治措施大要，國政得宜，所以「政平民阜，財用不匱。」始能全力在外爭霸，而左傳無此記載是爲所缺。

又如國語周語云：

景王二十一年，將鑄大錢。單穆公曰：「不可。古者，天災降戾，於是乎量資幣，權輕重，以振救民。民患輕，則爲作重幣以行之，於是乎有母權子而行，民皆得焉。若不堪重，則多作輕而行之，亦不廢重，於是乎有子權母而行，小大利之。

「今王廢輕而作重，民失其資，能無匱乎？若匱，王用將有所乏，乏則將厚取於民。民不給，將有遠志，是離民也。且夫備有未至而設之，有至而後救之，是不相入也。可先而不備，謂之怠；可後而先之，謂之召災。周固羸國也，天未厭禍焉，而又離民以佐災，無乃不可乎？將民之與處而離之，將災是備禦而召之，則何以經國？國無經，何以出令？令之不從，上之患也，故聖人樹德於民以除之。

「夏書有之曰：『關石、和鈞，王府則有。』詩亦有之曰：『瞻彼旱麓，榛楛濟濟。

愷悌君子，干祿愷悌。』夫旱麓之榛楛殖，故君子得以易樂干祿焉。若夫山林匱竭，林麓散亡，藪澤肆既，民力彫盡，田疇荒蕪，資用乏匱，君子將險哀之不暇，而何易樂之有焉？

「且絕民用以實王府，猶塞川原而為潢汙也，其竭也無日矣。若民離而財匱，災至而備亡，王其若之何？吾周官之於災備也，其所怠棄者多矣，而又奪之資，以益其災，是去其藏而翳其人也。王其圖之！」王弗聽，卒鑄大錢。（註二七）

景王二十一年，將鑄大錢，單穆公諫勸的一段話，開始時說錢制的理論，相當精闢，而左傳無，這表示左傳作者，所注意者，只為政治，尚未了解經濟討社會及國家之重要性。

【註釋】

註一　國語　卷四　魯語上　一六五頁　民國六十九年　里仁

註二　國語　卷四　魯語上　一七一—三頁

註三　國語　卷十八　楚語下　五七九—八一頁

註四　國語　卷十九　吳語　六一五頁

註五　國語　卷十　晉語四　三八六—七頁

註六　國語　卷十八　楚語下　五五九—六四頁

註　七　國語　卷三　周語下　一〇一－一三頁

註　八　國語　卷七　晉語一　二五二－六三頁

註　九　左傳　莊公　二十八年　二三八－九頁　民國七十年　源流

註一〇　國語　卷五　魯語下　一八二頁

註一一　左傳　成公　十八年　九〇六－七頁

註一二　國語　卷三　周語下　九四－一〇〇頁

註一三　國語　卷二　周語　中　五九頁

註一四　國語　卷十一　晉語五　三九三頁

註一五　國語　卷十二　晉語六　四〇九－一二頁

註一六　國語　劵十四　晉語八　四六九－七一頁

註一七　國語　卷十六　楚語下　五八二頁

註一八　國語　卷十七　楚語上　五三二－三頁

註一九　左傳　襄公　二十五年　一一〇三頁

註二〇　歷史的意義　耶里克卡勒爾著　黃超民譯　第一章　二－四頁

註二一　孫逸仙傳記　林百克著　四四八－五〇頁

註二二　歷史論集　卡耳著　王任光譯　第一章　三頁

註二三　歷史論集　卡耳著　王任光譯　第一章　五頁

註二四　史通通釋　劉知幾著　卷十八　雜說下　五二七頁　民國六十年　里仁

註二五　史學方法論　杜維運著　第二章　二五頁　華世

註二六　國語　卷十　晉語四　三七一頁

註二七　國語　卷二　周語下　一一八—二一頁

一、論見於國語而不見於左傳之記載

二、論左傳取材較國語簡省者

本節所討論者，爲左傳較國語簡省者。所謂簡省，是簡化，非爲減少。簡化是在不失原意之原則下，用少量文字以敘述同一件事。一部好的史者，簡潔明暢是非常重要的。史通：「夫辭寡者，出一言而已周，才蕪者，資數語而方浹。」（註一），史通：「夫國史之美者，以敍事爲工，而敍事之工者，以簡要爲主。」（註二）

進一步了解，史家對於史實之減化，是依事件重要性大小，以決定簡化之程度。當然，最不重要者，就捨而不用，其次者極簡化，再次者則稍減化。由這項減化的功夫中可以看出作者的才學具識。吾人從左傳國語兩書中，選擇左傳內容簡省者，依其簡省之程度排列，如此可很清楚的相互比較，幷得到簡省原則之概念。

國語晉語云：

公之優曰施，通於驪姬。驪姬問焉，曰：「吾欲作大事，而難三公子之徒如何？」對曰：「早處之，使知其極。夫人知極，鮮有慢心；雖其慢，乃易殘也。」驪姬曰：「吾欲爲難，安始而可？」優施曰：「必於申生。其爲人也，小心精潔，而大志重，又不忍人。精潔易辱，重僨可疾，不忍人，必自忍也。辱之近行。」驪姬曰：「重，無乃難遷乎？」優施曰：「知辱可辱，可辱遷重；若不知辱，亦必不知固秉常矣。今子內固而外寵，且善否莫不信。若外殫善而內辱之，無不遷矣。且吾聞之：甚精必愚。精爲易辱，愚不知避難。雖欲無遷，其得之乎？」是故先施讒於申生。

優施教驪姬夜半而泣謂公曰：「吾聞申生甚好仁而彊，甚寬惠而慈於民，皆有所行之。今謂君惑於我，必亂國，無乃以國故而行彊於君。君未終命而不歿，君其若之何？盍殺我，無以一妾亂百姓。」公曰：「夫豈惠其民而不惠於其父乎？」驪姬曰：「妾亦懼矣。吾聞之外人之言曰：爲仁與爲國不同。爲仁者，愛親之謂仁；爲國者，利國之謂仁。故長民者無親，衆以爲親。苟利衆而百姓和，豈能憚君？以衆故不敢愛親，衆況厚之，彼將惡始而美終，以晚蓋者也。凡民利是生，殺君而厚利衆，衆孰沮之？殺親無惡於人，人孰去之？苟交利而得寵，志行而衆悅，欲其甚矣；孰不惑焉？雖欲愛君，惑不釋也。今夫以君爲紂，若紂有良子，而先喪紂，無章其惡而厚其敗。鈞之死也，無必假手於武王，而其世不廢，祀子于今，吾豈知紂之善否哉？君欲勿恤，其可乎？若大難至而恤之，其何及矣！」公懼曰：「若何而可？」驪姬曰：「君盍老而授之政。彼得政而行其欲，得其所索，乃其釋君。且君其圖之，自桓叔以來，孰能愛親？

唯無親，故能兼翼。」公曰：「不可與政。我以武與威，是以臨諸侯。未歿而亡政，不可謂武；有子而弗勝，不可謂威。我授之政，諸侯必絕；能絕於我，必能害我。失政而害國，不可忍也。爾勿憂，吾將圖之。」

驪姬告優施曰：「君既許我殺太子而立奚齊矣，吾難里克，奈何！」優施曰：「吾來里克，一日而已。子爲我具特羊之饗，吾以從之飲酒。我優也，言無郵。」驪姬許諾，乃具，使優施飲里克酒。中飲，優施起舞，謂里克妻曰：「主孟啗我，我教茲暇豫事君。」乃歌曰：「暇豫之吾吾，不如鳥烏。人皆集於苑，已獨集於枯。」里克笑曰：「何謂苑？何謂枯？」優施曰：「其母爲夫人，其子爲君，不可謂苑乎？其母既死，其子又有謗，可不謂枯乎？枯且有傷。」

優施出，里克辟奠，不飧而寢。夜半，召優施，曰：「曩而言戲乎？抑有所聞之乎？」曰：「然。君既許驪姬殺太子而立奚齊，謀既成矣。」里克曰：「吾秉君以殺太子，吾不忍。通復故交，吾不敢。中立其免乎？」優施曰：「免。」

旦而里克見丕鄭，曰：「夫史蘇之言將及矣！優施告我，君謀成矣，將立奚齊。」丕鄭曰：「子謂何？」曰：「吾對以中立。」丕鄭曰：「惜也！不如曰不信以疏之，亦固太子以攜之，多爲之故，以變其志，志少疏，乃可閒也。今子曰中立，況固其謀也，彼有成矣，難以得閒。」里克曰：「往言不可及也，且人中心唯無忌之，何可敗也！子將何如？」丕鄭曰：「我無心。是故事君者，君爲我心，制不在我。」里克曰：「弑君以爲廉，長廉以驕心，因驕以制人家，吾不敢。抑撓志以從君，爲廢人以自利也，利方以求成人，吾不能。將伏也！」明日，稱疾不朝。三旬，難乃成。驪姬以君命命申生曰：「今夕君夢齊姜，必速祠而歸福。」申生許諾，乃祭于曲沃，歸福于絳。公田，驪姬受福，乃寘鴆于酒，寘堇于肉，公至，召申生獻，公祭之地，地墳。申生恐而出。驪姬與犬肉，犬斃；飲小臣酒，亦斃，公命殺杜原款。申生奔新城。（註三）

左傳僖公四年云：

初，晉獻公欲以驪姬爲夫人，卜之，不吉；筮之，吉。公曰：「從筮。」立之，生奚齊；其娣生卓子。及將立奚齊，既與中大夫成謀。姬謂大子曰：「君夢齊姜，必速祭之。」大子祭于曲沃，歸胙于公。公田，姬置諸宮六日。公至，毒而獻之。公祭之地，地墳；與犬，犬斃；與小臣，小臣亦斃。姬泣曰：「賊由大子。」大子奔新城。公殺其傅杜原款。或謂大子：「子辭，君必辯焉。」大子曰：「君非姬氏，居不安，食不飽。我辭，姬必有罪。君老矣，吾又不樂。」曰：「子其行乎？」大子曰：「君實不

察其罪，被此名也，以出，人誰納我？」十二月戊申，縊于新城。姬遂譖二公子曰，「皆知之」。重耳奔蒲，夷吾奔屈。（註四）

晉獻公擊敗驪戎以後，獲其女驪姬，有寵而立爲夫人，於是驪姬與優臣施謀害太子申生，以求立其子奚齊。國語所記約一千字，而左傳於僖公四年僅記「既與中大夫謀成。」是以知左傳不重視此事也。吾人苟作歷代優宦亂國史，此史料當爲可貴，今既以晉國政治爲主，此項記錄，分散讀者之注意力，簡化是非常確當的。國語後段記優施設計并說動晉大臣里克對立奚齊事採持中立，蓋左傳以爲殺申生時，里克未有任何行動，可以不記。吾人認爲其實可以記，因里克於獻公死後，殺奚齊及卓子，還立惠公夷吾，前後態度不一致，其經過情形及原因，當爲史家所關心。此爲兩可之間，左傳則選擇從嚴的態度，亦無不可。

國語周語云：

晉既克楚于鄢，使郤至告慶于周。未將事。王叔簡公飲之酒，交酬好貨皆厚，飲酒宴語相說也。

明日，王叔子譽諸朝。郤至見邵桓公，與之語。邵公以告單襄公曰：「王叔子譽溫季，以爲必相晉國，相晉國，必大得諸侯，勸二三君子必先導焉，可以樹。今夫子見我，以晉國之克也，爲己實謀之，曰：『微我，晉不戰矣！楚有五敗，晉不知乘，我則强之。背宋之盟，一也；德薄而以地賂諸侯，二也；棄壯之良而用幼弱，三也；建立卿士而不用其言，四也；夷、鄭從之，三陳而不整，五也。罪不由晉，晉得其民，四軍之帥，旅力方剛；卒伍治整，諸侯與之。是有五勝也：有辭，一也；得民，二也；軍帥强禦，三也；行列治整，四也；諸侯輯睦，五也。有一勝猶足用也，有五勝以伐五敗，而避之者，非人也。不可以不戰。欒、范不欲，我則强之。戰而勝，是吾力也。且夫戰也微謀，吾有三伐；勇而有禮，反之以仁。吾三逐楚君之卒，勇也；見其君必下而趨，禮也；能獲鄭伯而赦之，仁也。若是而知晉國之政，楚、越必朝。』

「吾曰：『子則賢矣。抑晉國之舉也，不失其次，吾懼政之未及子也。』謂我曰：『夫何次之有？昔先大夫荀伯自下軍之佐以政，趙宣子未有軍行而以政，今欒伯自下軍往。是三子也，吾又過於四之無不及。若佐新軍而升爲政，不亦可乎？將必求之。』是其言也，君以爲奚若？」

襄公曰：「人有言曰：『兵在其頸。』其郤至之謂乎！君子不自稱也，非也讓也，惡其蓋人也。夫人性，陵上者也，不可蓋也。求蓋人，其抑下滋甚，故聖人貴讓。且諺曰：『獸惡其網，民惡其上。』書曰：『民可近也，而不可上也。』詩曰：『愷悌君子，求福不回。』在禮，敵必三讓，是則聖人知民之不可加也。故王天下者必先諸民，然後庇焉，則能長利。今郤至在七人之下而欲上之，是求蓋七人也，其亦有七怨。怨在小醜，猶不可堪，而況在侈卿乎？其何以待之？

「晉之克也，天有悲於楚也，故儆之以晉。而郤至佻天之功以爲己力，不亦難乎？佻天不祥，乘人不義，不祥則天棄之，不義則民叛之。且郤至何三伐之有？夫仁、禮、勇，皆民之爲也。以義死用謂之勇，奉義順則謂之禮，畜義豐功謂之仁。姦仁爲佻，姦禮爲羞，姦勇爲賊。夫戰，盡敵爲上，守和同順義爲上。故制戎以果毅，制朝以序成。叛戰而擅舍鄭君，賊也；棄毅行容，羞也；叛國即讎，佻也。有三姦以求替其上，遠於得政矣。以吾觀之，兵在其頸，不可久也。雖吾王叔，未能違難。在太誓曰：『民之所欲，天必從之。』王叔欲郤至，能勿從乎？」（註五）

左傳成公十六年云：

晉侯使郤至獻楚捷于周，與單襄公語，驟稱其伐。單子語諸大夫曰：「溫季其亡乎？位於七人之下，而求掩上怨之所聚，亂之本也。多怨而階亂，何以在位？夏書曰：『怨豈在明，不見是圖，將愼其細也。』今而明之，其可乎？」（註六）

鄢陵之役爲晉楚爭覇的一次戰爭，國語記事在魯成公十六年，郤至告慶於周，左傳則列於戰爭之次年，關於戰爭經過國語列於晉語六，兩書記法不同，當作別論，郤至到周事，記於周語，爲所自然。吾人細讀此二文，國語詳細而左傳簡化，左傳用「驟稱其伐」四字以代表國語所記約三百字之記載。邵公評語之記載，左傳亦僅取其後段簡化爲「位於七人之下，而求掩其上，怨之所繫，亂之本也。」已達本意矣，此爲次年郤至被殺之原因，其事二書皆有記載，不再累述。

國語晉語云：

齊侯妻之，甚善焉。有馬二十乘，將死於齊而已矣。曰：「民生安樂，誰知其他？」桓公卒，孝公即位。諸侯叛齊。子犯知齊之不可以動，而知文公之安齊而有終焉之志也，欲行，而患之，與從者謀於桑下。蠶妾在焉，莫知其在也。妾告姜氏，姜氏殺之，而言於公子曰：「從者將以子行，其聞之者吾以除之矣。子必從之，不可以貳，貳無成命。詩云：『上帝臨女，無貳爾心。』先王其知之矣，貳將可乎？子去晉難而極於此。自子之行，晉無寧歲，民無成君。天未喪晉，無異公子，有晉國者，非子而誰？子其勉之！上帝臨子，貳必有咎。」

公子曰：「吾不動矣，必死於此。」姜曰：「不然。周詩曰：『莘莘征夫，每懷靡及。』夙夜征行，不遑啟處，猶懼無及。況其順身縱欲懷安，將何及矣！人不求及，其能及乎？日月不處，人誰獲安？西方之書有之曰：『懷與安，實疚大事。』鄭詩云：『

仲可懷也，人之多言，亦可畏也。』昔管敬仲有言，小妾聞之，曰：『畏威如疾，民之上也。從懷如流，民之下也。見懷思威，民之中也。畏威如疾，乃能威民。威在民上，弗畏有刑。從懷如流，去威遠矣，故謂之下。其在辟也，吾從中也。鄭詩之言，吾其從之。』此大夫管仲之所以紀綱齊國，裨輔先君而成霸者也。子而棄之，不亦難乎？齊國之政敗矣，晉之無道久矣，從者之謀忠矣，時日及矣，公子幾矣。君國可以濟百姓，而釋之者，非人也。敗不可處，時不可失，忠不可棄，懷不可從，子必速行。吾聞晉之始封也，歲在大火，閼伯之星也，實紀商人。商之饗國三十一王。瞽史之紀曰：『唐叔之世，將如商數。』今未半也。亂不長世，公子唯子，子必有晉。若何懷安？」公子弗聽。

姜與子犯謀，醉而載之以行。醒，以戈逐子犯，曰：「若無所濟，吾食舅氏之肉，其知饜乎！」舅犯走，且對曰：「若無所濟，余未知死所，誰能與豺狼爭食？若克有成，公子無亦晉之柔嘉，是以甘食。偃之肉腥臊，將焉用之？」遂行。（註七）

左傳僖公二十三年云：

及齊，齊桓公妻之，有馬二十乘。公子安之。從者以爲不可，將行，謀於桑下。蠶妾在其上，以告姜氏，姜氏殺之，而謂公子曰：「子有四方之志，其聞之者，吾殺之矣。

」公子曰：「無之。」姜曰：「行也！懷與安，實敗名。」公子不可。姜與子犯謀，醉而遣之。醒，以戈逐子犯。（註八）

晉文公重耳流亡到齊國，齊桓公對他很好，并將女兒姜氏嫁給他，所以他就不想離開齊國。而他手下的臣子不願意，希望他繼續周遊歷國，以謀返回晉國。大家在商量的時候，被蠶妾聽到，告訴姜氏，姜氏爲了滅口，殺了蠶妾，並勸文公依諸臣意見去做，但文公卻想終老齊國。姜氏乃摒絕私情，與子犯設計，將他灌醉，用車子將他載出齊境，吾人比較兩書，敍述經過的部份，左傳較國語簡省，這點暫不討論。此處特別注意者，左傳將國記所記姜氏說詞四百餘字簡爲「懷與安，實敗名。」吾人細讀國語內容，可知此六字確爲其中心意義。

國語周語云：

十五年，有神降於莘，王問於內史過，曰：「是何故？固有之乎？」對曰：「有之。國之將興，其君齊明、衷正、精潔、惠和，其德足以昭其馨香，其惠足以同其民人。神饗而民聽，民神無怨，故明神降之，觀其政德而均布福焉。國之將亡，其君貪冒、辟邪、淫佚、荒怠、麤穢、暴虐；其政腥臊，馨香不登；其刑矯誣，百姓攜貳。明神不蠲而民有遠志，民神怨痛，無所依懷，故神亦往焉，觀其苛慝而降之禍。是以或見神以興，亦或以亡。昔夏之興也，融降于崇山；其亡也，回祿信於聆隧。商之興也，檮杌次於丕山；其亡也，夷羊在牧。周之興也，鸑鷟鳴於岐山；其衰也，杜伯射王於鄗。是皆明神之志者也。」

王曰：「今是何神也？」對曰：「昔昭王娶於房，曰房后，實有爽德，協於丹朱，丹朱憑身以儀之，生穆王焉。是實臨照周之子孫而禍福之。夫神壹不遠徙遷，若由是觀之，其丹朱之神乎？」王曰：「其誰受之？」對曰：「在虢土。」王曰：「然則何爲？」對曰：「臣聞之：道而得神，是謂逢福；淫而得神，是謂貪禍。今虢少荒，其亡乎？」王曰：「吾其若之何？」對曰：「使太宰以祝、史帥狸姓，奉犧牲、粢盛、玉帛往獻焉，無有祈也。」

王曰：「虢其幾何？」對曰：「昔堯臨民以五，今其冑見，神之見也，不過其物。若由是觀之，不過五年。」王使太宰忌父帥傅氏及祝、史奉犧牲、玉鬯往獻焉。內史過從至虢，虢公亦使祝、史請土焉。內史過歸，以告王曰：「虢必亡矣，不禋於神而求福焉，神必禍之；不親於民而求用焉，人必違之。精意以享，禋也；慈保庶民，親也。今虢公動匱百姓以逞其違，離民怒神而求利焉，不亦難乎！」十九年，晉取虢。（註九）

左傳莊公三十二年云：

莊公三十二年秋七月，有神降于莘。惠王問諸內史過曰：「是何故也？」對曰：「國之將興，明神降之，監其德也；將亡，神又降之，觀其惡也：故有得神以興，亦有以亡。虞、夏、商、周皆有之。」王曰：「若之何？」對曰：「以其物享焉。其至之日，亦其物也。」王從之。內史過往，聞虢請命，反曰：「虢必亡矣。虐而聽於神。」神居莘。六月，虢公使祝應、宗區、史嚚享焉，神賜之土田。史嚚曰：「虢其亡乎！吾聞之：『國將興，聽於民；將亡，聽於神。』神，聰明正直而壹者也，依人而行。虢多涼德，其何土之能得？」（註十）

有關晉獻公滅虢國之記載詳情，左傳在魯桓公十年以後各年中均有敍述，國語在晉語中也有所記，然不如左傳之詳盡，這些暫且不論。其中有「有神降於莘，惠王問諸公史過。」事在周庭，國語記於周語中，但從內容看，左傳較國語爲簡省，吾人可見意同，排列亦同，許多瑣碎者左傳用一語以包含，但重要之詞句則全同。

國語楚語云：

子西使人召王孫勝，沈諸梁聞之，見子西曰：「聞子召王孫勝，信乎？」曰：「然。」子高曰：「將焉用之？」曰：「吾聞之，勝直而剛，欲寘之境。」子高曰：「不可。其爲人也，展而不信，愛而不仁，詐而不智，毅而不勇，直而不衷，周而不淑。復言而不謀身，展也；愛而不謀長，不仁也；以謀蓋人，詐也；彊忍犯義，毅也；直而不顧，不衷也；周言棄德，不淑也。是六德者，皆有其華而不實者也，將焉用之。

「彼其父爲戮於楚，其心又狷而不絜。若其狷也，不忘舊怨，而不以絜悛德，思報怨而已。則其愛也足以得人，其展也足以復也，其詐也足以謀之，其直也足以帥之，其周也足以蓋之，其不絜也足以行之，而加之以不仁，奉之以不義，蔑不克矣。

「夫造勝之怨者，皆不在矣。若來而無寵，速其怒也。若其寵之，毅貪無厭，既能得入，而耀之以大利，不仁以長之，思舊怨以修其心，苟國有釁，必不居矣。非子職之，其誰乎？彼將思舊怨而欲大寵，動而得人，怨而有術，若果用之，害可待也。余愛子與司馬，故不敢不言。

子西曰：「德其忘怨乎！余善之，夫乃其寧。」子高曰：「不然。吾聞之，唯仁者可好也，可惡也，可高也，可下也。好之不偪，惡之不怨，高之不驕，下之不懼。不仁者則不然。人好之則偪，惡之則怨，高之則驕；下之則懼。驕有欲焉，懼有惡焉，欲惡怨偪，所以生詐謀也。子將若何？若召而下之，將戚而懼；爲之上者，將怒而怨。詐謀之心，無所靖矣。有一不義，猶敗國家，今壹五六，而必欲用之，不亦難乎？吾聞國家將敗，必用姦人，而嗜其疾味，其子之謂乎？

「夫誰無疾眚！能者早除之。舊怨滅宗，國之疾眚也，爲之關籥蕃籬而遠備閑之，猶恐其至也，是之爲日惕。若召而近之，死無日矣。人有言曰：『狼子野心，怨賊之人也。』其又何善乎？若子不我信，盍求若敖氏與子干、子晳之族而近之？安用勝也，其能幾何？

「昔齊騶馬繻以胡公入於具水，邴歜、閻職戕懿公於囿竹，晉長魚矯殺三郤於榭，魯圉人犖殺子般於次，夫是誰之故也，非唯舊怨乎？是皆子之所聞也。人求多聞善敗，以監戒也。今子聞而棄之，猶蒙耳也。吾語子何益，吾知逃也已。」

子西笑曰：「子之尚勝也。」不從，遂使爲白公。子高以疾閒居於蔡。及白公之亂，子西、子期死。葉公聞之，曰：「吾怨其棄吾言，而德其治楚國，楚國之能平均以復先王之業者，夫子也。以小怨寘大德，吾不義也，將入殺之。」帥方城之外以入，殺白公而定王室，葬二子之族。（註十一）

左傳哀公十六年云：

哀公十六年，楚大子建之遇讒也，自城父奔宋，又辟華氏之亂於鄭，鄭人甚善之。又適晉，與晉人謀襲鄭，乃求復焉。鄭人復之如初。晉人使諜於子木，請行而期焉。子木暴虐於其私邑，邑人訴之，鄭人省之，得晉諜焉，遂殺子木。其子曰勝，在吳。子西欲召之。葉公曰：「吾聞勝也詐而亂，無乃害乎？」子西曰：「吾聞勝也信而勇，不爲不利。舍諸邊竟，使衞藩焉。」葉公曰：「周仁之謂信，率義之謂勇。吾聞勝也好復言，而求死士，殆有私乎！復言非信也，期死非勇也。子必悔之！」弗從。召之，使處吳竟，爲白公。（註十二）

楚國太子建，在國內遭到誣陷，逃亡到宋，又去鄭國，在鄭國謀作亂被殺。他的兒子勝，在吳，子西要召他回楚，葉公反對，但子西不聽，還是召他回來，後來勝反叛，由葉公平定之。國語僅記葉公子高反對召勝的說詞，及子西不同意的對話，計約八百字，而左傳將之縮爲四十字。

國語周語云：

晉侯使隨會聘于周，定王享之餚烝，原公相禮。范子私於原公，曰：「吾聞王室之禮無毀折，今此何禮也？」王見其語，召原公而問之，原公以告。王召士季，曰：「子弗聞乎，禘郊之事，則有全烝；王公立飫，則有房烝；親戚宴饗，則有餚烝。今女非他也，而叔父使士季實來修舊德，以獎王室。唯是先王之宴禮，欲以貽女。余一人敢設飫禘焉，忠非親禮，而干舊職，以亂前好？且唯戎、狄則有體薦。

夫戎、狄，冒沒輕儳，貪而不讓。其血氣不治，若禽獸焉。其適來班貢，不俟馨香嘉味，故坐諸門外，而使舌人體委與之。女今我王室之一二兄弟，以時相見，將和協典禮，以示民訓則，無亦擇其柔嘉，選其馨香，潔其酒醴，品其百籩，修其簠簋，奉其犧象，出其樽彝，陳其鼎俎，淨其巾冪，敬其祓除，體解節折而共飲食之。於是乎有折俎加豆，酬幣宴貨，以示容合好，胡有孑然其郊戎、狄也？

「夫王公諸侯之有飫也，將以講事成章，建大德、昭大物也，故立成禮烝而已。飫以顯物，宴以合好，故歲飫不倦，時宴不淫，月會、旬修，日完不忘。服物昭庸，采飾顯明，文章比象，周旋序順，容貌有崇，威儀有則，五味實氣，五色精心，五聲昭德，五義紀宜，飲食可饗，和同可觀，財用可嘉，則順而德建。古之善禮者，將焉用全烝？」（註十三）

左傳宣公十六年云：

冬晉侯使士會平王室，定王享之，原襄公相禮，殽烝。武子私問其故。王聞之，召武子曰：「季氏！而弗聞乎！王享有體薦，宴有折俎。公當享，卿當宴，王室之禮也。」武子歸而講求典禮，以修晉國之法。（註十四）

魯宣公十六年春，晉滅赤狄甲氏及留吁，晉派士會調和王室之糾紛，定王設宴招待他，用餚烝，士會不知何禮，定王詳細告訴他。此話左傳簡化很多，主要該禮的儀式於春秋史中，不甚重要，另知左傳關於禮者敘述頗多，必要者，且有增添語句，後文將有討論，此表示左傳對國語簡省有其原則。

國語周語云：

襄王使邵公過及內史過賜晉惠公命，呂甥、郤芮相晉侯不敬，晉侯執玉卑，拜不稽首。內史過歸，以告王曰：「晉不亡，其君必無後。且呂、郤將不免。」王曰：「何故？」對曰：「夏書有之曰：『衆非元后，何戴？后非衆，無與守邦。』在湯誓曰：『余一人有罪，無以萬夫；萬夫有罪，在余一人。』在盤庚曰：『國之臧，則惟女衆。國之不臧，則惟余一人，是有逸罰。』如是則長衆使民，不可不愼也。民之所急在大事，先王知大事之必以衆濟也，是故祓除其心，以和惠民。考中度衷以涖之，昭明物則以訓之，制義庶孚以行之。祓除其心，精心；考中度衷，忠也；昭明物則，禮也；制義庶孚，信也。然則長衆使民之道，非精不和，非忠不立，非順不順，非信不行。今晉侯卽位而背外內之賂，虐其處者，棄其信也；不敬王命，棄其禮也；施其所惡，棄其忠也；以惡實心，棄其精也。四者皆棄，則遠不至而近不和矣，將何以守國？「古者，先王既有天下，又崇立上帝、明神而敬事之，於是乎有朝日、夕月以教民事君。諸侯春秋受職於王以臨其民，大夫、士日恪位著以儆其官，庶人、工、商各守其業以共其上。猶恐其有墜失也，故為車服、旗章以旌之，為贄幣、瑞節以鎮之，為班爵、貴賤以列之，為令聞嘉譽以聲之。猶有散、遷、懈慢而著在刑辟，流在裔土，於是乎有蠻、夷之國，有斧鉞、刀墨之民，而況可以淫縱其身乎？

「夫晉侯非嗣也，而得其位，亹亹怵惕，保任戒懼，猶曰未也。若將廣其心而遠其鄰，陵其民而卑其上，將何以固守？

「夫執玉卑，替其贄也；拜不稽首，誣其王也。替贄無鎮，誣王無民。天事恆象，任重享大者必速及，故晉侯誣王，人亦將誣之；欲替其鎮，人亦將替之大臣享其祿，弗諫而阿之，亦必及焉。」（註十五）

左傳僖公十一年云：

十一年春，晉侯使以平鄭之亂來告。天王使召武公、內使過賜晉侯命。受玉惰。過歸，告王曰：「晉侯其無後乎！王賜之命，而惰於受瑞，先自棄也已，其何繼之有？禮，國之幹也；敬，禮之輿也。不敬，則禮不行；禮不行，則上下昏，何以長世？」（註十六）

關於內史過推斷晉惠公必亡之理，左傳已較國語簡省許多。吾人讀國語所載其言為君之道理，應守精、忠、禮、信，受職臨民，使各業人民守業共上，計約七百字，而左傳八十字不到，僅强調禮之重要性，左傳內容如此少之原因，一爲惠公在春秋時代重要性不大，記其事自應減少，二空論性文字，在史著中亦應將其縮短。

國語魯語云：

諸侯伐秦，及涇莫濟。晉叔向見叔孫穆子曰：「諸侯謂秦不恭而討之，及涇而止，於秦何益？」穆子曰：「豹之業，及匏有苦葉矣，不知其他。」叔向退，召舟虞與司馬，曰：「夫苦匏不材於人，共濟而已。魯叔孫賦匏有苦葉，必將涉矣。具舟除隧，不共有法。」是行也，魯人以莒人先濟，諸侯從之。（註十七）

左傳襄公十四年云：

夏，諸侯之大夫從晉侯伐秦，以報櫟之役也。晉侯待于竟，使六卿帥諸侯之師以進，及涇不濟。叔向見叔孫穆子，穆子賦匏有苦葉，叔向退而具舟，魯人、莒人先濟。鄭子蟜見衛北宮懿子曰：「與人而不固，取惡莫甚焉，若社稷何？」懿子說，二子見諸侯之師而勸之濟，濟涇而次。秦人毒涇上流，師人多死。鄭司馬子蟜帥鄭師以進，師皆從之，至于棫林，不獲成焉。荀偃令曰：「雞鳴而駕，塞井夷竈，唯余馬首是瞻。」欒黶曰：「晉國之命未是有也，余馬首欲東。」乃歸，下軍從之。（註十八）

魯襄公十四年，晉侯率諸侯軍伐秦，吾人先讀左傳，則知此戰爭之起因，經過及結果。而國語所記僅涉及晉叔向與魯大夫叔穆子之對話，吾人見左傳將其對話削減很多，從整事言，左傳所取之份量十分確當，因各國在猶豫不進時，魯先表明態度，且確已先進軍，故不得不記，但又不宜太多。於此可知二書立場不同，記載重心有別，魯語僅魯大夫之事，左傳重心則置諸晉國及各國之事件。

國語魯語云：

莊公如齊觀社。曹劌諫曰：「不可。夫禮，所以正民也。是故先王制諸侯，使五年四王、一相朝。終則講於會，以正班爵之義，帥長幼之序，訓上下之則，制財用之節，其閒無由荒怠。夫齊棄太公之法而觀民於社，君爲是舉而往觀之，非故業也，何以訓民？土發而社，助時也。收攟而蒸，納要也。今齊社而往觀旅，非先王之訓也。天子祀上帝，諸侯會之受命焉。諸侯祀先王、先公，卿大夫佐之受事焉。臣不聞諸侯相會祀也，祀又不法。君擧必書，書而不法，後嗣何觀？」公不聽，遂如齊。（註十九）

左傳莊公二十三年云：

莊公二十三年夏，公如齊觀社，非禮也。曹劌諫曰：「不可；夫禮，所以整民也。故會以訓上下之則，制財用之節；朝以正班爵之義，帥長幼之序；征伐以討其不然。諸

侯有王，王有巡守，以大習之。非是，君不舉矣。君舉必書。書而不法，後嗣何觀？」（註二十）

魯莊公二十三年，莊公要到齊國去觀社禮。社是祭灶神的一種不重要禮，鄰國國君不應當參加，所以曹劌諫他，國語所記多於左傳。吾人觀其相同者：「不可，夫禮，所以正民也。」（按：國語用正，左傳用整，意甚近）「以正班爵之義，帥長幼之序。」「訓上下之則，制財用之節。」（按：排列次序不同，無害其意義。）「君舉必書，書而不法，後嗣何觀？」是重要詞句全同。

另左傳用「故會」二字代替國語之「是故先王制諸侯，使五年一王，一相朝，終而講於會。」亦未失去原意，於此見左傳減簡之功力。

國語魯語云：

叔孫穆子聘於晉，晉悼公饗之，樂及鹿鳴之三，而後拜樂三。晉侯使行人問焉，曰：「子以君命鎮撫弊邑，不腆先君之禮，以辱從者，不腆以樂之節之。吾子舍其大而加禮於其細，敢問何禮也？」

對曰：「寡君使豹來繼先君之好，君以諸侯之故，貺使臣以大禮。夫先樂金奏肆夏樊、遏、渠，天子所以饗元侯也；夫歌文王、大明、緜，則兩君相見之樂也。皆昭令德以合好也，皆非使臣之所敢聞也。臣以爲肄業及之，故不敢拜。今伶簫詠歌及鹿鳴之三，君之所以貺使臣，臣敢不拜貺。夫鹿鳴，君之所以嘉先君之好也，敢不拜嘉。四牡，君之所以章使臣之勤也，敢不拜章。皇皇者華，君教使臣曰『每懷靡及，』諏、謀、度、詢，必咨於周。敢不拜教。臣聞之曰：『懷和爲每懷，咨才爲諏，咨事爲謀，咨義爲度，咨親爲詢，忠信爲周。』君貺使臣以大禮，重之以六德敢不重拜。」（註二一）

左傳襄公四年云：

穆叔如晉，報知武子之聘也。晉侯享之，金奏肆夏之三，不拜。工歌文王之三，又不拜。歌鹿鳴之三，三拜。韓獻子使行人子員問之，曰：「子以君命辱於敝邑，先君之禮，藉之以樂，以辱吾子。吾子舍其大而重拜其細，敢問何禮也？」對曰：「三夏，天子所以享元侯也，使臣弗敢與聞。文王，兩君相見之樂也，臣不敢及。鹿鳴，君所以嘉寡君也，敢不拜嘉？四牡，君所以勞使臣也，敢不重拜？皇皇者華，君教使臣曰，『必諮于周。』臣聞之，『訪問於善爲咨，咨親爲詢，咨禮爲度，咨事爲諏，咨難爲謀。』臣獲五善，敢不重拜？」（註二二）

魯國的穆叔到晉國去，是回報知武子在襄公元年聘魯，晉悼公設享禮招待他，樂器奏肆夏文王樂，穆叔不拜，歌唱鹿鳴三曲，三次答拜。晉人問他道理，穆叔回答他的理由，國語所記多於左傳。進一步觀察，兩書關鍵性的言詞全同者有「天子所以饗元侯也。」「兩君相見之樂也。」「必咨於周。」另詞句僅一二字不同，而意思相通者，如國語所記：「君所以嘉先君之好也，敢不拜嘉。」「君所章使臣之勤也，敢不拜章。」而左傳記載爲：「君所以嘉寡君也，敢不拜嘉。」「君所以勞使臣也，敢不重拜。」最後，國語記「重之以六德敢不重拜。」左傳所記爲「臣獲五善，敢不重拜。」看來不同，但前面之敍述方式，仍很相近，不過內容稍有增減耳。

國語晉語云：

辛巳，朝于武宮。定百事，立百官，育門子，選賢良，興舊族，出滯賞，畢故刑，赦囚繫，宥閒罪，薦積德，逮鰥寡，振廢淹，養老幼，恤孤疾，年過七十，公親見之，稱曰王父，敢不承。

二月乙酉，公卽位。使呂宣子將下軍，曰：「邲之役，呂錡佐智莊子於上軍，獲楚公子穀臣與連尹襄老，以免子羽。鄢之役，親射楚王而敗楚師，以定晉國而無後，其子孫不可不崇也。」使彘恭子將新軍，曰：「武子之季、文子之母弟也。武子宣法以定晉國，至於今是用。文子勤身以定諸侯，至於今是賴。夫二子之德，其可忘乎！」故以旌季屛其宗。使令狐文子佐之，曰：「昔克潞之役，秦來圖敗晉功，魏顆以其身卻退秦師于輔氏，親止杜回，其勳銘於景鍾。至于今不育，其子不可不興也。」君知士貞子之帥志博聞而宣惠教也，使爲太傅。知右行辛之能以數宣物定功也，使爲元司空。知欒糾之能御以和于政也，使爲戎御。知荀賓之有力而不暴也，使爲戎右。欒伯請公族大夫，公曰：「荀家惇惠，荀會文敏，黶也果敢，無忌鎭靜，使茲四人者爲之。夫膏粱之性難正也，故使惇惠者教之，使文敏者導之，使果敢者諗之，使鎭靜者修之。惇惠者教之，則偏而不倦；文敏者導之，則婉而入；果敢者諗之，則過不隱；鎭靜者修之，則壹。使茲四人者爲公族大夫。

公知祁奚之果而不淫也，使爲元尉。知羊舌職之聰敏肅給也，使佐之。知魏絳之勇而不亂也，使爲元司馬。知張老之智而不詐也，使爲元候。知鐸遏寇之恭敬而信彊也，使爲輿尉。知籍偃之惇帥舊職而恭給也，使爲輿司馬。知程鄭端而不淫，且好諫而不隱也，使爲贊僕。

始合諸侯于虛朾以救宋，使張老延君譽于四方，且觀道逆者。呂宣子卒，公以趙文子爲文也，而能恤大事，使佐新軍。三年，公始合諸侯。四年，諸侯會于雞丘，於是乎布命、結援、修好、申盟而還。令狐文子卒，公以魏絳爲不犯，使佐新軍。使張老爲

司馬，使范獻子爲候奄。公譽達于戎。五年，諸戎來請服，使魏莊子盟之，於是乎始復霸。（註二二三）

左傳成公十八年云：

二月乙酉朔，晉悼公卽位于朝，始命百官，施舍已責，逮鰥寡，振廢滯，匡乏困，救災患，禁淫慝，薄賦斂，宥罪戾，節器用，時用民，欲無犯時。使魏相、士魴、魏頡、趙武爲卿。荀家、荀會、欒黶、韓無忌爲公族大夫，使訓卿之子弟共儉孝弟。使士渥濁爲大傅，使修范武子之法。右行辛爲司空，使修士蒍之法。弁糾御戎，校正屬焉，使訓諸御知義。荀賓爲右，司士屬焉，使訓勇力之士時使。卿無共御，立軍尉以攝之。祁奚爲中軍尉，羊舌職佐之。魏絳爲司馬，張老爲候奄。鐸遏寇爲上軍尉，籍偃爲之司馬，使訓卒乘，親以聽命。程鄭爲乘馬御，六騶屬焉，使訓羣騶知禮。凡六官之長，皆民譽也。擧不失職，官不易方，爵不踰德，師不陵正，旅不偪師，民無謗言，所以復霸也。（註二二四）

晉國既殺厲公之後，到周去迎接悼公。悼公英明，整頓晉國之亂局，幷恢復霸業。回國之政治措施，國語左傳皆有記載。比較兩書所記，開始之總述，文字雖有不同，意義則非常近似，緊後國語所記爲軍事將帥之安排，左傳未記，吾人於此應注意者爲文臣職務之安排，人與職位皆同，排列之次序有異，無碍比較，重要者左傳所記，文字上皆少於國語，卽左傳對重要事實不減省，詞句則求精煉。

國語周語云：

景王既殺下門子。賓孟適郊，見雄雞自斷其尾，問之，侍者曰：「憚其犧也。」遽歸告王，曰：「吾見雄雞自斷其尾，而人曰『憚其犧也』，吾以爲信畜矣。人犧實難，已犧何害？抑其惡爲人用也乎，則可也。人異於是。犧者，實用人也。」王弗應，田于鞏，使公卿皆從，將殺單子，未克而崩。（註二五）

左傳昭公二十二年云：

公二十二年，王子朝、賓起有寵於景王，王與賓孟說之，欲立之。劉獻公之庶子伯蚠事單穆公，惡賓孟之爲人也，願殺之；又惡王子朝之言，以爲亂，願去之。賓孟適郊，見雄雞自斷其尾。問之侍者，曰：「自憚其犧也。」遽歸告王，且曰：「雞其憚爲人用乎！人異於是。犧者實用人，人犧實難，已犧何害？」王弗應。夏四月，王田北山，使公卿皆從，將殺單子、劉子。王有心疾，乙丑，崩于榮錡氏。戊辰，劉子摯卒，無子，單子立劉蚠。五月庚辰，見王，遂攻賓起，殺之，盟羣王子于單氏。（註二六）

有關周景王時代王庭紛亂之情形，左傳將各人之關係敍述清楚，姑不論。國語僅記以雄雞自斷其尾事，賓孟對景王之說詞，計五十字，而左傳用二十四字。此爲煽動性之說詞，賓孟希望借此刺激周王速殺王子朝也，是左傳簡省數少，全同者有「人犧實難，己犧何害。」

國語周語云：

二十四年，秦師將襲鄭，過周北門。左右皆免胄而下拜，超乘者三百乘。王孫滿觀之，言於王曰：「秦師必有謫。」王曰：「何故？」對曰：「師輕而驕，輕則寡謀，驕則無禮。無禮則脫，寡謀自陷。入險而脫，能無敗乎？秦師無謫，是道廢也。」是行也，秦師還，晉人敗諸崤，獲其三帥丙、術、視。（註二七）

左傳僖公三十三年云：

秦師過周北門左右免胄而下，超乘者三百乘。王孫滿尚幼，觀之，言于王曰：「秦師輕而無禮，必敗。輕則寡謀，無禮則脫，入險而脫，又不能謀，能無敗乎？」及滑，滅滑而還。（註二八）

秦穆公襲鄭之經過，吾人先讀左傳，可知整個過程，另見王孫滿斷定秦軍必敗之記述，左傳較語簡省，其中用語如「左右皆免胄而下拜」，「超乘者三百乘」，「輕則寡謀」，「無禮則脫」，「能無敗乎」等同用，爲左傳對國語的另一種省簡方法。

國語晉語云：

呂甥逆君於秦，穆公訊之曰：「晉國和乎？」對曰：「不和。」公曰：「何故？」對曰：「其小人不念其君之罪，而悼其父兄子弟之死喪者，不憚征繕以立孺子，曰：『必報讎，吾寧事齊、楚，齊、楚又交輔之。』其君子思其君，且知其罪，曰：『必事秦，有死無他。』故不和。比其和之而來，故久。」公曰：「而無來，吾固將歸君。國謂君何？」對曰：「小人曰不免，君子則否。」公曰：「何故？」對曰：「小人忌而不思，願從其君而與報秦，是故云。其君子則否，曰：『吾君之入也，君之惠也。能納之，能執之，則能釋之。德莫厚焉。惠莫大焉。納而不遂，廢而不起，以德爲怨，君其不然？』」秦君曰：「然。」乃改館晉君，饋七牢焉。（註二九）

左傳僖公十五年云：

十月，晉陰飴甥會秦伯盟于王城。秦伯曰：「晉國和乎？」對曰：「不和。小人恥失其君，而悼喪其親，不憚征繕，以立圉也，曰：『必報讎，寧事戎狄』。君子愛其君，而知其罪，不憚征繕，以待秦命，曰：『必報德，有死無二』。以此不和。」秦伯曰：「國謂君何？」對曰：「小人慼，謂之不免；君子恕，以爲必歸。小人曰：『我毒秦，秦豈歸君？』君子曰：『我知罪矣，秦必歸君。貳而執之，服而舍之，德莫厚焉，刑莫威焉。服者懷德，貳者畏刑，此一役也，秦可以霸。納而不定，廢而不立，以德

爲怨，秦不其然。』秦伯曰：「是吾心也。」改館晉侯，饋七牢焉。（註三十）

晉惠公在韓之戰失敗，被秦穆公俘後，晉國臣子呂甥到秦國去接惠公，與秦穆公的一段話。在戰爭失敗，國君被俘，居於絕對劣勢地位之使臣，要在不卑不亢的原則下，發表自己的意見，求達目的，說詞相當重要。比較國語左傳兩文，左傳簡者甚少，且有諸多同句。

國語晉語云：

遂如楚，楚成王以周禮享之，九獻，庭實旅百。公子欲辭，子犯曰：「天命也，君其饗之。亡人而國薦之，非敵而君設之，非天，誰啟之心！」既饗，楚子問於公子曰：「子若克復晉國，何以報我？」公子再拜稽首對曰：「子女玉帛，則君有之。羽旄齒革，則君地生焉。其波及晉國者，君之餘也，又何以報？」王曰：「雖然，不穀願聞之。」對曰：「若以君之靈，得復晉國，晉、楚治兵，會于中原，其避君三舍。若不獲命，其左執鞭弭，右屬櫜鞬，以與君周旋。」（註三一）

左傳僖公二十三年云：

及楚，楚子饗之，曰：「公子若反晉國，則何以報不穀？」對曰：「子女、玉帛，則君有之；羽毛、齒革，則君地生焉。其波及晉國者，君之餘也，其何以報君？」曰：「雖然，何以報我？」對曰：「若以君之靈，得反晉國，晉、楚治兵，遇於中原，其辟君三舍。若不獲命，其左執鞭弭，右屬櫜鞬，以與君周旋。」子玉請殺之。楚子曰：「晉公子廣而儉，文而有禮。其從者肅而寬，忠而能力。晉侯無親，外內惡之。吾聞『姬姓，唐叔之後，其後衰者也』，其將由晉公子乎！天將興之，誰能廢之？違天必有大咎。」乃送諸秦。（註 三二）

晉文公在未即位前，逃亡在外，流落到楚國，楚成王以迎接國君的享禮來招待他。此段記載的重要性在於雙方的對話，晉文公雖爲落魄公子，但不願失其氣勢，所以在成王問他將來如何報答時，他只答應在爭霸戰爭中退避三舍。吾人見左傳在敍述前文時稍有簡省，文公之對話則全同，以表示其重要也。

簡省在著史過程中較捨棄爲次一步工作，歷來講史學方法多講取捨道理，雖談陶鑄化裁，對於簡省原則甚少論及，推測其比取捨微細，很難說明清楚，再史著所採之史料之來源是多方面的，各書取材之重點不同，無法用同標準來說明與討論，而國語左傳兩書取材近似，比較方便，所以作此討論。

爲易於瞭解起見，依簡省之多少排列，則較爲醒目。

晉驪姬與優施定計謀害太子申生，國語中前後所記超千言而左傳中僅記六字，爲百分之點零六不到，簡省到極點。推其原因，此事之主角爲晉獻公、太子申生、驪姬三人。優施、奚齊、卓子三人仍居次要地位。獻公廢太子申生立奚齊，爲事之脊幹，驪姬譖申生是廢立原因，但僅爲此事一部份，而優施獻策又爲部份之一部份。然又爲此事之開始，所以減之又減。晉國郤至獻楚于周事，吾人可分兩部份看，前段是郤至炫耀在鄢陵之役時之功勞，後段是周單襄公對郤至之評語。國語記兩人之說詞相差無幾，約四百字，但減少比例不同，郤至之說詞，僅融爲四字，約百分之一，而單襄公之評語融爲六十字，約百分之十五。推想左傳之所以如此記載者，因爲次年郤至在晉被殺，確由於在國內遭怨，其自炫功績遂成次要，尤許多事實在鄢陵之役時已有記載，（註三三）當可省略。

姜氏勸晉文公繼續周遊列國，俾能返回晉國，國語記四百餘字，左傳爲六字，爲百分之一點五。又見文末晉文公見楚成王時之對詞，左傳與國語比較，未有減省，同記一人之事，而簡省之程度有差異。推其原因，左傳所注意之國際政治爲霸主戰爭及其盟會，與晉文公爭霸主爲楚成王，對話時之晉文公正是落魄流離失所時日，也是有求於成王之時，但對成王之答辭，不卑不亢，絕無乞憐氣味，顯示晉文公膽識才氣，所以這次見面很重要，對話就不簡省了。反觀文公在齊時，是多年在狄荒蠻生活之後，齊桓公妻之以女，有馬二十乘，遂有終老齊國的意思，如無子犯等之計謀，姜氏之勸說，使他離開齊國，文公是否有日後一番功業，確很難說，但姜氏之勸詞，在文公事業中僅爲一部份，又爲行動的起始，不能不記，簡至極少，可謂適當。

因神降於莘，內史過答周惠王一切事實之記載，國語記七百餘字，左傳則二百四十餘字，約爲百分之三點五。吾人於此注意者，省之方法，如國語記：「國之將興，其君齊明，衷正，精潔，惠和，其德足以昭其馨香，其惠足以同其民人。神饗而民聽，民神無怨，故明神降之觀其政德而均布德焉。」左傳記：「國之將興，明神降之，監其德也。」國語記：「國之將亡，其君貪冒、辟邪、淫佚、荒怠、麤穢、暴虐，其政腥臊，馨香不登，其刑矯誣，百姓攜貳。明神不蠲而民有遠志，民神怨痛，無所依懷，故神亦往焉，觀其苛慝而降之禍。」左傳記：「將亡，神又降之，觀其惡也。」國語記：「昔夏之興也，融降于崇山；其亡也，回祿信於聆隧。商之興也，檮杌次於丕山；其亡也，夷羊在牧。周之興也，鸑鷟鳴於岐山；其衰也，杜伯射王於鄗。」左傳記：「虞夏商周皆有之。」此處很清楚的看到左傳將國語的十句左右的話，各縮爲兩句。

楚國葉公子高諫子西招王孫勝，國語記約八百字，左傳記四十四字，約爲百分之五，左傳之比較重視此事，因爲勝返國後，誠如葉氏所料，曾經作亂，楚既爲傾，又爲葉公所平定。

周定王向士會解釋餚烝禮，國語記約四百八十字，左傳記二十六字，爲百分之六不到，吾人見左傳所未採者多關儀者，而左傳特記載：「公當享，卿當宴，王室之禮也。」是說明禮必須適合身份。

吾人注意者，左傳作者不重視禮之制度及禮儀等。左傳所重視爲另一層次之禮。見魯昭公二十五年，鄭國子太叔引子產的話以回答趙簡子所問之禮，主要的說，揖讓周施是一種儀，眞正的禮是上天的規範，大地的準則，百姓行動的依據，天下萬物運作和諧，就是合於禮。下面有「淫則亂，民失其性，是故爲禮以奉行之。」淫是過的意思，從人的立場說，在人與人之關係，要各守其份，如有過的現象，社會就會亂起來，所以要大家奉行禮。（註三四）在左傳作者認爲春秋時代，所以那樣混亂，就是很多人不能奉行禮，針對此現象，所以特別强調這種禮，而不太重視儀式及禮節等之記載。

內史過推斷晉惠公必亡之理由，國語記約七百字，左傳記不到八十字，約百分之十一，國語中說詞前段爲爲君之道，應守精、忠、禮、信。後段重要意義爲「諸侯受職於王以臨其民，大夫士日恪位著以儆其官，庶人、工商各守其業以共其上。」斯爲各人應守分已行事，是屬於禮之範圍，左傳所以從前四者之中取用禮字，并略爲强調，這表示左傳在文字上較語簡省，在重點中，還加深其意義。

諸侯伐秦，各國逗留不進，魯國叔孫穆子向晉國叔向表明態度之說詞爲十三字，叔向回到晉營，向丹虞同司馬解釋穆子所賦詩之意義，爲二十三字，而左傳僅用七字，百分之二十不到。重要者，叔向之解釋詞句，意義重複，未有記載。

曹劌諫魯莊公到齊國去觀社禮，國語記約二百五十字，左傳記七十餘字，比例爲百分之三十多。另魯國穆叔回答晉國行人子員關於他在享禮奏樂時，有者拜，有者不拜之理由，國語紀約四百八十字，左傳記約一百六十字，約百分之三十三。左傳之作者所重視之禮，爲君臣等人行事，必須符合其身份，曹劌所諫魯莊公觀禮，爲不合身份之事。穆叔享禮有拜有不拜爲完全合身份的事。皆爲左傳相當重視，所以簡者較少。

晉悼公接位之政治措施，國語記約六百五十字，左傳記約三百字，百分之五十不到。開始悼公措施之總述，甚爲近似，亦有不少同句，可不討論。諸臣之任命，春秋左傳注注云：「魏相卽十三年傳呂相，晉語七『使呂宣子佐下軍』，則其謚『宣』，晉語七稱之爲令狐文子，令狐其邑，文子其謚也。趙武已見成，年傳，趙武爲卿在魏相死後，此蓋綜前後兩次任命言之。」（註三五）此表示左傳之簡省有前後綜合之記述，使讀者對一事得整體之瞭解，後段左傳將國語所記各人爲何任命之理由，悉皆除去，所以文字簡省多了。此表示左傳重視任命之事實，但吾人不得不說明者，左傳之作者，幷非堅守不變，如魯僖公二十七年，趙衰向晉文公推薦郤縠做元帥時，說：「臣聞其言矣，說禮樂而敦詩書，詩書義之府也，禮樂德之則也，德義利之本也。夏書曰：『賦納以言，明試以功，車服以康，君其試之。』（註三六）

左傳之所以如此記載，元帥全國僅一人而已，地位重要，所以著史取材之原則，是靈活運用，非一成不變者。

賓孟借雄雞自斷其尾事，以諷諫周景王速殺王子朝。國語記五十字，左傳記二十四字，爲百分之五十。左傳之所以重視此者，王子朝未殺，在景王死後，曾攻殺悼王，晉人立敬王。王子朝一再爲亂，到魯定公六年，其徒因鄭人又作亂，在周庭是一相當重要人物。

王孫滿斷定秦軍襲鄭必敗，國語記約三十六字，左傳記二十四字，爲百分之七十七。左傳之所以重視此事，由於秦於此敗以後，終春秋之世，不能進軍中原。

呂甥爲接晉惠公與秦穆公之對話，國語記約二百四十字，左傳記約二百字，比例爲百分之八十。推其所以如此不簡省，惠公爲晉國君也，當時之諸侯，繫國家安危盛衰於一身，尤晉國以後爲春秋主要霸國，所以左傳之作者將之重視。

晉文公與楚成王之對話文中前已討論，不再多述。

見簡省少者，多有相同語句，此現象，推測一是左傳根據國語簡省而來，二是國語爲左傳敷成之作，三是兩書根據同一史料，由於觀念的不同，分別記出兩種不同之著作。以上三說皆有可能，在無他佐證之情況下，輕易下定論，似嫌武斷，認定第三說，比較穩妥，重要者，不妨害比較。

前學諸多實例，吾人分析并說明傳較語簡省之原因，歸納言之，是由事件重要性之大小，以決定簡省之多少，至重要性如何決定，則在著者之才與識，非言語可以說明，如孟子所說：「是梓匠輪輿，能與人規矩，不能使人巧。」（註三七）

【註釋】

註一　史通　卷六　浮詞　一六一頁　民六十九年　里仁
註二　史通　卷六　敍事　一六八頁
註三　國語　卷十　晉語四　二六八—二七四頁　二八六—二八八頁　民六十九年　里仁
註四　左傳　僖公　四年　二九五頁　民七十一年　源流
註五　國語　卷二　周語中　八〇—五頁
註六　左傳　成公　十六年　八九四頁
註七　國語　卷十　晉語四　三四〇—五頁
註八　左傳　僖公　二十三年　四〇六—七頁
註九　國語　卷一　周語上　二九—三三頁
註一〇　左傳　莊公　三十二年　二五一—三頁
註一一　國語　卷十六　楚語下　五八三—九頁
註一二　左傳　哀公　十六年　一七〇〇頁

註一三　國語　卷二　周語中　六二－五頁
註一四　左傳　宣公　十六年　七六九頁－七〇頁
註一五　國語　卷一　周語上　三五－九頁
註一六　左傳　僖公　十一年　三三七－八頁
註一七　國語　卷五　魯語下　一九〇頁
註一八　左傳　襄公　十四年　一〇〇八頁
註一九　國語　卷四　魯語上　一五三頁
註二〇　左傳　莊公　二十三年　二二六頁
註二一　國語　卷五　魯語下　一八五－六頁
註二二　左傳　襄公　四年　九三二－四頁
註二三　國語　卷十三　晉語七　四三一－六頁
註二四　左傳　成公　十八　九〇八－一一頁
註二五　國語　卷三　周語下　一四二－三頁
註二六　左傳　昭公　二十二年　一四三四－五頁
註二七　國語　卷二　周語中　六十－一頁
註二八　左傳　僖公　三十三　四九四－六頁
註二九　國語　卷九　晉語三　三三一頁
註三〇　左傳　僖公　十五年　三六六－七頁

註三一　國語　卷十　晉語四　三五二頁

註三二　左傳　僖公　二十三年　四〇八—九頁

註三三　左傳　成公　十六年　八八二—九〇頁

註三四　左傳　昭公　二十五年　一四五七—九頁

註三五　左傳　成公　十八年　九〇八—九頁

註三六　左傳　僖公　二十七年　四四五—六頁

註三七　孟子　盡心下　三六四頁　華星

三、論左傳取材添補國語所缺者

史實是史書的基礎，沒有史實記載的著作，是不成歷史的。史家對於史實的處理，第一步是搜集完備的史料，其次是考證這些史料是否正確，然後有系統的整理，也就是將有因果關係的事，清楚的排列，再以簡明流暢的筆法，書寫出來。一部好的史書，敘述是否完備，是非常重要的。所謂完備，是將事件所有的原因，依輕重次序井然的陳列，使讀者一目了然。本節是將國語與左傳記同一事，國語不全，左傳所塡補增加者列出討論。至於其中夾雜無或簡省現象，前文已曾說明不再重複。

齊桓公侵魯之記載，二者比較：

1.起始，國語稱，「長勺之役」，而左傳爲「齊師伐我，公將戰，曹劌請見。」國語內容無作戰對像，一見可知，左傳將曹氏非公卿的身份敘述清楚，也是應當的。

2.左傳本文「其卿人曰」一段，增文字之起伏，於本事關係不大，吾人當不必深論。

3.國語無戰場作戰之經過，而左傳作生動之敘述，使讀者得完整之了解。戰爭亦爲歷史事實之一環，解決爭端之重要手段，且有許多可供後人借鏡之處，史記、資治通鑑仿此類佳作頗多。

文中「一鼓作氣……」已成爲人盡省知之諺語，尤要者，吾人借此推春秋初期戰爭，僅以戰車相撞，并且時間不過一日：

長勺之役，曹劌問所以戰於莊公。公曰：「余不愛衣食於民，不愛牲玉於神。」對曰：「夫惠本而後民歸之志，民和而後神降之福。若布德于民而平均其政事，君子務治而小人務力；動不違時，財不過用；財用不匱，莫不能使共祀。是以用民無不聽，求福無不豐。今將惠以小賜，祀以獨恭。小賜不咸，獨恭不優。不咸，民不歸也；不優，神弗福也。將何以戰？夫民求不匱於財，而神求優裕於享者也，故不可以不本。」公曰：「余聽獄雖不能察，必以情斷之。」對曰：「是則可矣。知夫苟中心圖民，智雖弗及，必將至焉。」（註一）

莊公十年春，齊師伐我。公將戰，曹劌請見。其鄉人曰：「肉食者謀之，又何閒焉？」劌曰：「肉食者鄙，未能遠謀。」乃入見，問何以戰。公曰：「衣食所安，弗敢專也，必以分人。」對曰：「小惠未徧，民弗從也。」公曰：「犧牲玉帛，弗敢加也，必以信。」對曰：「小信未孚，神弗福也。」公曰：「小大之獄，雖不能察，必以情。」對曰：「忠之屬也，可以一戰。戰則請從。」公與之乘，戰于長勺。公將鼓之，劌曰：「未可。」齊人三鼓，劌曰：「可矣。」齊師敗績。公將馳之，劌曰：「未可。」下視其轍，登軾而望之，曰：「可矣。」遂逐齊師。

既克，公問其故。對曰：「夫戰，勇氣也，一鼓作氣，再而衰，三而竭。彼竭我盈，故克之。夫大國，難測也，懼有伏焉。吾視其轍亂，望其旗靡，故逐之。」（註二）

晉楚兩國率領其屬國，締弭兵大會，提倡和睦相處。而魯國季武子伐鄆，取得鄆地，楚欲懲罰魯國，殺其使者，晉爲之緩頰：

1. 國語記「楚人將以叔孫穆子爲戮。」左傳多「楚告於晉曰：『尋盟未退……』以理推左傳較合理。所稱之會爲襄公二十七年之弭兵大會，約中定晉楚兩國之屬國同尊兩國爲盟主。魯原屬晉國，楚欲懲魯之前，當商之於晉，爲理所當然。另楚建議「請戮其使」是國語所缺。
2. 叔孫不顧個人之安危，拒絕樂桓子之索賄，其對梁其踁之說詞，左傳國語所記各有不同，左傳較易明解。
3. 國語記「楚人乃赦之」，而左傳多記晉趙孟爲之向楚求情說詞，將叔孫讚揚備至，於理說，是必經之過程，另借此以表揚善人之法也。
4. 左傳多楚令尹享趙孟之記載，此爲左傳注意楚事之故：

虢之會，諸侯之大夫尋盟未退。季武子伐莒取鄆，莒人告于會，楚人將以叔孫穆子爲戮。晉樂王鮒求貨於穆子，曰：「吾爲子請於楚。」穆子不予。梁其踁謂穆子曰：「有貨，以衞身也。出貨而可以免，子何愛焉？」穆子曰：「非女所知也。承君命以會大事，而國有罪，我以貨私免，是我會吾私也。苟如是，則又可以出貨而成私欲乎？雖可以免，吾其若諸侯之事何？夫必將循之，曰：『諸侯之卿有然者故也。』則我求安身而爲諸侯法矣。君子是以患作。作而不衷，將或道之，是昭其不衷也。余非愛貨，惡不衷也。且罪非我之由，爲戮何害？」楚人乃赦之。（註三）

昭公元年，季武子伐莒，取鄆，莒人告於會，楚告於晉曰：「尋盟未退，而魯伐莒瀆齊盟，請戮其使。」樂桓子相趙文子，欲求貨於叔孫而爲之請，使請帶焉，弗與。梁其踁曰：「貨以藩身，子何愛焉？」叔孫曰：「諸侯之會，衞社稷也。我以貨免，魯必受師，是禍之也，何衞之爲？人之有牆以蔽惡也，牆之隙壞，誰之咎也？衞而惡之，吾又甚焉。雖怨季孫，魯國何罪？叔出季處，有自來矣，吾又誰怨？然鮒也賄，弗與不已。」召使者裂裳帛而與之曰：「帶其褊矣。」趙孟聞之曰：「臨患不忘國，忠也。思難不越官，信也，圖國忘死，貞也。謀主三者，義也，有是四者，又何戮乎？」乃請諸楚曰：「魯雖有罪，其執事不辟難，畏威而敬命矣，子若免之，以勸左右可也。

若子之羣吏，處不辟汚，出不逃難，其何患之有？患之所生，汚而不治，難而不守，所由來也。能是二者，又何患焉？不靖其能，其誰從之？魯叔孫豹可謂能矣，請免之，以靖能者。子會而赦有罪，又賞其賢，諸侯其誰不欣焉，望楚而歸之？視遠如邇，疆埸之邑，一彼一此，何常之有？王伯之令也。引其封疆，而樹之官，舉之表旗，而著之制令。過則有刑，猶不可壹。於是乎虞有三苗，夏有觀扈，商有姺邳，周有徐奄。自無令王，諸侯逐進，狎主齊盟，其又可壹乎？恤大舍小，足以爲盟主，又焉用之？封疆之削，何國蔑有？主齊盟者誰能辯焉？吳濮有釁，楚之執事，豈其顧盟？莒之疆事，楚勿與知，諸侯無煩，不亦可乎？莒魯爭鄆爲日久矣，苟無大害於其社稷，可無亢也。去煩宥善，莫不競勸，子其圖之。」固請諸楚，楚人許之，乃免叔孫。令尹享趙孟，賦大明之首章，趙孟賦小宛之二章。事畢，趙孟謂叔向曰：「令尹自以爲王矣，何如？」對曰：「王弱，令尹彊，其可哉，雖可不終。」趙孟曰：「何故？」對曰：「彊以克弱而安之，彊不義也，不義而彊，其斃必速。詩曰：『赫赫宗周，褒似滅之。』」令尹爲王，必求諸侯，晉少懦矣，諸侯將往。若獲諸侯，其虐滋甚，民弗堪也，將何以終？夫以彊取，不義而克，必以爲道，道以淫虐，弗可久已矣。」（註四）

叔孫穆子回國，季武子去拜訪他，叔孫遲之不見，左傳多季武之車夫曾夭與叔孫之家臣曾阜之對話，加强叔孫爲國家能容忍之美德，而穆子之言詞左傳則簡省。

穆子歸，武子勞之。日中不出矣。穆子曰：「吾不難爲戮，養吾棟也。夫棟折而榱崩，吾懼壓焉。故曰雖死於外，而庇宗於內，可也。今既免大恥，而不忍小忿，可以爲能乎？」乃出見之。（註五）

昭公元年叔孫歸，曾夭御季孫以勞之，旦及日中不出。曾夭謂曾阜曰：「旦及日中，吾知罪矣。魯以相忍爲國也，忍其外不忍其內，焉用之？」阜曰：「數月於外，一旦於是，庸何傷？賈而欲贏而惡囂乎，」阜謂叔孫曰：「可以出矣。」叔孫指楹曰：「雖惡是，其可去乎？」乃出見之。（註六）

1. 左傳將晉惠公夷吾立之經過記出，而國語則無。

2. 國語記里克、丕鄭死，未記如何死，後雖記「惠公既殺里克而悔之。」實不如左傳所記惠公之命令及里克之對話，生動而記實，加上「伏劍而死」使全篇經過無缺。吾人更注意「晉侯殺里克以說」是將殺里克之原因記出。幷記「於是平鄭聘於秦…」是與後文平鄭伎秦，建議秦穆公謀納重耳之呼應。

3. 國語多左傳者：「惠公入而背外內之賂，輿人誦之……」「部偃曰：『善哉……』」與本事關係不甚重要。

4. 國語記：「公隕於韓。」從獨立之史著言，其無經過，不知與誰作戰。前文雖有背外內之賄，從此記載中，亦未見有何關聯，且無時日。從左傳記載知里克殺於魯傳公十年，韓之戰於僖公十五年，事隔五年。此間，秦晉兩國交往頗爲曲折，終而促使兩國戰爭。左傳國語皆有記載，而國語無此段敘述，僅記殺里克及韓之戰。於史著言，國語非爲記事，未將事情原委清楚記述，亦非紀年，各事未依年記錄，且令讀者誤以爲晉惠公之所以敗於韓，是爲殺里克造成。

5. 國語記郭偃聞晉惠公聽冀芮之言而殺里克，爲左傳所未載，是左傳僅重視里克被殺之事，至聽何人言，則加省略。

> 惠公既殺里克而悔之，曰：「芮也，使寡人過殺我社稷之鎮。」郭偃聞之，曰：「不謀而諫者，冀芮也。不圖而殺者，君也。不謀而諫，不忠。不圖而殺，不祥。不忠，受君之罰。不祥，罹天之禍。受君之罰，死戮。罹天之禍，無後。志道者勿忘，將及矣！」及文公入，秦人殺冀芮而施之。
>
> 惠公既卽位，乃背秦賂。使丕鄭聘於秦，且謝之。而殺里克，曰：「子殺二君與一大夫，爲子君者，不亦難乎？」
>
> 丕鄭如秦謝緩賂，乃謂穆公曰：「君厚問以召呂甥、郤稱、冀芮而止之，以師奉公子

重耳，臣之屬內作，晉君必出。」穆公使冷至報問，且召三大夫。鄭也與客將行事，冀芮曰：「鄭之使薄而報厚，其言我於秦也，必使誘我。弗殺，必作難。」是故殺丕鄭及七輿大夫：共華、賈華、叔堅、騅歂、纍虎、特宮、山祁，皆里、丕之黨也。丕豹出奔秦。（註七）

僖公十年夏四月，周公忌父、王子黨會齊隰朋立晉侯，晉侯殺里克以說。將殺里克，公使謂之曰：「微子，則不及此。雖然，子弒二君與一大夫，爲子君者，不亦難乎？」對曰：「不有廢也，君何以興？欲加之罪，其無辭乎？臣聞命矣。」伏劍而死。於是丕鄭聘於秦，且謝緩賂，故不及。（註八）

晉惠公敗於韓之戰，被秦穆公俘獲，殺與放，不能決定，諸臣對話，左傳多簡省者，不在此節討論。但左傳特別增加穆姬以死要脅秦穆公釋放晉君，穆姬爲穆公夫人，惠公之姊，親情所動，出此方法，亦甚合理，是以史記晉世家中依據左傳內容記之。左傳缺少者爲公子縶主張殺惠公而後改立重耳：

穆公歸，至於王城，合大夫而謀曰：「殺晉君與逐出之，與以歸之，與復之，孰利？」公子縶曰：「殺之利。逐之恐構諸侯，以歸則國家多慝，復之則君臣合作，恐爲君憂，不若殺之。」公孫枝曰：「不可。恥大國之士於中原，又殺其君以重之，子思報父之仇，臣思報君之讎。雖微秦國，天下孰弗患？」公子縶曰：「吾豈將徒殺之？吾將以公子重耳代之。晉君之無道莫不聞，公子重耳之仁莫不知。戰勝大國，武也。殺無道而立有道，仁也。勝無後害，智也。」公孫枝曰：「恥一國之士，又曰余納有道以臨女，無乃不可乎？若不可，必爲諸侯笑。戰而取笑諸侯，不可謂武。殺其弟而立其兄，兄德我而忘其親，不可謂仁。若弗忘，是再施不遂也，不可謂智。」君曰：「然則若何？」公孫枝曰：「不若以歸，以要晉國之成，復其君而質其適子，使子父代處秦，國可以無害。」是故歸惠公而質子圉，秦始知河東之政。（註九）

僖公十五年穆姬聞晉侯將至，以大子罃弘與女簡璧登臺而履薪焉，使以免服、衰絰逆，且告曰：「上天降災，使我兩君匪以玉帛相見，而以興戎。若晉君朝以入，則婢子夕以死；夕以入，則朝以死。唯君裁之！」乃舍諸靈臺。大夫請以入，公曰：「獲晉侯，以厚歸也；既而喪歸，焉用之？大夫其何有焉？且晉人慼憂以重我，天地以要我。不圖晉憂，重其怒也；我食吾言，背天地也。重怒難任，背天不祥，必歸晉君。」公子縶曰：「不如殺之，無聚慝焉。」子桑曰：「歸之而質其大子，必得大成。晉未可滅，而殺其君，祇以成惡。且史佚有言曰：『無始禍，無怙亂，無重怒。』重怒難任，陵人不祥。」乃許晉平。（註一〇）

晉惠公死後，子懷公卽位，及文公返國經過，二書此較：

新君卽位，在諸侯國中爲極重要事，況因懷公之立，其政治措置失當，失去民心。使文公得返國之機會增加，是以左傳將之出生經過，政治措施詳加敘述，而國語僅記文公借秦穆公力量入國，所述原因，不完整。

國語記「秦伯歸婦女五人，懷嬴與焉。」從文字記載者，懷嬴爲一特別人物，而國語無其他特別的說明，無法知文公「旣而揮之」之原因，更無法知司空季子之諫詞所言何事。左傳將秦穆公曾以懷嬴給懷公爲侍妾之事記出，懷公爲文公之姪，所以文公有拒絕之意，其後文公委曲求全接納，此表示爲博得穆公之歡心，增加穆公送其返國之意志。

在內容上，有許多國語多於左傳者，左傳實已將其意思包括，不在討論分析之列：

十五年，惠公卒，懷公立，秦乃召重耳於楚而納之。晉人殺懷公於高梁，而授重耳，實爲文公。（註一一）

秦伯歸女五人，懷嬴與焉。公子使奉匜沃盥，旣而揮之。嬴怒曰：「秦、晉匹也，何以卑我？」公子懼，降服囚命。秦伯見公子曰：「寡人之適，此爲才。子圉之辱，備嬪嬙焉，欲以成婚，而懼離其惡名。非此，則無故。不敢以禮致之，懽之故也。公子有辱，寡人之罪也。唯命是聽。」

公子欲辭，司空季子曰：「同姓爲兄弟。黃帝之子二十五人，其同姓者二人而已，唯青陽與夷鼓皆爲己姓。青陽，方雷氏之甥也。夷鼓，彤魚氏之甥也。其同生而異姓者，四母之子別爲十二姓。凡黃帝之子，二十五宗，其得姓者十四人爲十二姓。姬、酉、祁、己、滕、箴、任、荀、僖、姞、儇、依是也。唯青陽與蒼林氏同于黃帝，故皆爲姬姓。同德之難也如是。昔少典娶于有蟜氏，生黃帝、炎帝。黃帝以姬水成，炎帝以姜水成。成而異德，故黃帝爲姬，炎帝爲姜，二帝用師以相濟也，異德之故也。異姓則異德，異德則異類。異類雖近，男女相及，以生民也。同姓則同德，同德則同心，同心則同志。同志雖遠，男女不相及，畏黷敬也。黷則生怨，怨亂毓災，災毓滅姓。是故娶妻避其同姓，畏亂災也。故異德合姓，同德合義。義以導利，利以阜姓。姓利相更，成而不遷，乃能攝固，保其土房。今子於子圉，道路之人也，取其所棄，以濟大事，不亦可乎？」公子謂子犯曰：「何如？」對曰：「將奪其國，何有於妻，唯秦所命從也。」謂子餘曰：「何如？」對曰：「禮志有之曰：『將有請於人，必先有入焉。欲人之愛己也，必先愛人。欲人之從己也，必先從人。無德於人，而求用於人，罪也。』今將婚媾以從秦，受好以愛之，聽從以德之，懼其未可也，又何疑焉？」乃歸女而納幣，且逆之。（註一二）

僖公十七年夏，晉大子圉爲質於秦，秦歸河東而妻之。惠公之在梁也，梁伯妻之。梁嬴孕過期，卜招父與其子卜之。其子曰：「將生一男一女。」招曰：「然；男爲人臣，女爲人妾。」故名男曰圉，女曰妾。及子圉西質，妾爲宦女焉。二十二年秋，晉大子圉爲質於秦，將逃歸，謂嬴氏曰：「與子歸乎？」對曰：「子，晉大子，而辱於秦。子之欲歸，不亦宜乎？寡君之使婢子侍執巾櫛，以固子也。從子而歸，棄君命也。不敢從，亦不敢言。」遂逃歸。（註一三）

僖公二十三年九月，晉惠公卒。懷公命無從亡人，期期而不至，無赦。狐突之子毛及偃從重耳在秦，弗召。冬，懷公執狐突，曰：「子來，則免。」對曰：「子之能仕，父教之忠，古之制也。策名委質，貳乃辟也。今臣之子，名在重耳，有年數矣。若又召之，教之貳也。父教子貳，何以事君？刑之不濫，君之明也，臣之願也。淫刑以逞，誰則無罪？臣聞命矣。」乃殺之。卜偃稱疾不出，曰：「周書有之，『乃大明服』。己則不明，而殺人以逞，不亦難乎？民不見德，而惟戮是聞，其何後之有？」（註一四）

僖公二十三年秦伯納女五人，懷嬴與焉。奉匜沃盥，既而揮之。怒曰：「秦、晉，匹也，何以卑我？」公子懼，降服而囚。他日，公享之。子犯曰：「吾不如衰之文也，請使衰從。」公子賦河水，公賦六月。趙衰曰：「重耳拜賜！」公子降，拜稽首，公降一級而辭焉。衰曰：「君稱所以佐天子者命重耳，重耳敢不拜！」（註一五）

1.國語記「襄王避……地氾」周襄王避昭叔之亂，在周語中詳述。左傳在僖公二十四年亦有說明，此爲兩書體裁不同，以致敍述方式有異。

2.左傳記狐偃，國語用子犯一人二名，如何採用，不作深論。其中說明頗有分別。國語所記較繁，左傳所記簡練，不但意義包含，文字則較典雅與簡潔。

3.左傳多文公使卜偃卜之，是表示文公雖決定勤王，但內心仍焦急不安，用卜卦以加强信心。

4.左傳多「晉侯辭秦師而下」，此爲關鍵語，此表示文公欲獨立勤王，爲樹立霸業之基礎：

「冬，襄王避昭叔之難，居于鄭地氾。使來告難，亦使告于秦。子犯曰：「民親而未知義也，君盍納王以教之義。若不納，秦將納之，則失周矣，何以求諸侯？不能修身而又不能宗人，人將焉依？繼文之業，定武之功，啟土安疆，於此乎在矣，君其務之。」公說，乃行賂于草中之戎與麗土之狄，以啟東道。（註一六）

僖公二十五年春，秦伯師于河上，將納王。狐偃言於晉侯曰：「求諸侯，莫如勤王。諸侯信之，且大義也。繼文之業，而信宣於諸侯，今爲可矣。」使卜偃卜之，曰：「吉。遇黃帝戰于阪泉之兆。」公曰：「吾不堪也。」對曰：「周禮未改，今之王，古之帝也。」公曰：「筮之。」筮之，遇大有䷍之睽䷥，曰：「吉。遇公用享于天下之卦。戰克而王饗，吉孰大焉？且是卦也，天爲澤以當日，天子降心以逆公，不亦可乎？大有去睽

而復，亦其所也。」晉侯辭秦師而下。（註一七）

左傳記晉楚城濮之役前，楚統帥子玉練兵時之情況，國語則無。以當時之形勢論，楚強於晉，楚此次戰敗，子玉有重大責任，是以左傳將子玉行事詳細記錄，供人瞭解。更記述楚王不欲子玉與晉文公作戰，少與之師，也是戰爭失敗之原因。

至於戰爭，國語只記「至於城濮，果戰，楚大敗。」不若左傳詳盡。左傳還描述文公恐懼與猶豫心理，其中對輿人誦之疑慮，夢與楚王搏，更表示其從心理深處懼楚也。

子玉釋宋圍，從晉師。楚既陳，晉師退舍，軍吏請曰：「以君避臣，辱也。且楚師老矣，必敗。何故退？」子犯曰：「二三子忘在楚乎？偃也聞之：戰鬭，直為壯，曲為老。未報楚惠而抗宋，我曲楚直，其衆莫不生氣，不可謂老。若我以君避臣，而不去，彼亦曲矣。」退三舍避楚。楚衆欲止，子玉不肯，至于城濮，果戰，楚衆大敗。君子曰：「善以德勸。」（註一八）

僖公二十七年，楚子將圍宋，使子文治兵於睽，終朝而畢，不戮一人。子玉復治兵於蔿終日而畢，鞭七人，貫三年耳。國老皆賀子文，子文飲之酒。蔿賈尚幼，後至，不賀。子文問之，對曰：「不知所賀。子之傳政於子玉，曰，『以靖國也』。靖諸內而敗諸外所獲幾何？子玉之敗，子之舉也。舉以敗國，將何賀焉？子玉剛而無禮，不可以治民。

過三百乘，其不能以入矣。苟入而賀，何後之有？」（註一九）

僖公二十八年楚子入居于申，使申叔去穀，使子玉去宋，曰：「無從晉師！晉侯在外，十九年矣，而果得晉國。險阻艱難，備嘗之矣；民之情僞，盡知之矣。天假之年，而除其害。天之所置，其可廢乎？軍志曰：『允當則歸。』又曰：『知難而退。』又曰：『有德不可敵。』此三志者，晉之謂矣。」子玉使伯棼請戰，曰：「非敢必有功也，愿以閒執讒慝之口。」王怒，少與之師，唯西廣、東宮與若敖之六卒實從之。（註二〇）

僖公二十八年夏四月戊辰，晉侯、宋公、齊國歸父、崔夭、秦小子憖次于城濮，楚師背酅而舍。晉侯患之。聽輿人之誦曰，「原田每每，舍其舊而新是謀」。公疑焉。子犯曰：「戰也！戰而捷，必得諸侯。若其不捷，表裏山河，必無害也。」公曰：「若楚惠何？」欒貞子曰：「漢陽諸姬，楚實盡之。思小惠而忘大耻，不如戰也。」晉侯夢與楚子搏，楚子伏己而盬其腦，是以懼。子犯曰：「吉。我得天，楚伏其罪，吾且柔之矣。」子玉使鬬勃請戰，曰：「請與君之士戲，君馮軾而觀之，得臣與寓目焉。」晉侯使欒枝對曰：「寡君聞命矣。楚君之惠，未之敢忘，是以在此。爲大夫退，其敢當君乎？既不獲命矣，敢煩大夫，謂二三子：『戒爾車乘，敬爾君事，詰朝將見。』」（註二一）

晉國率諸侯伐魯，魯國見勢不利，遂屈服：

1.左傳記出原因，「爲取郭，晉將以諸侯來討……」國語無。

2.左傳記鄭衞事，尤記齊劉獻公之說詞，是知晉國之政權以下移與分散，以及各國對晉之看法。

3.子服惠伯之說詞，則較國語簡化，但意義已表達。

4.國語無「叔向曰：『寡君有甲車四千來在……』。」是左傳說明魯國屈服之原因。

平丘之會，晉昭公使叔向辭昭公，弗與盟。子服惠伯曰：「晉信蠻、夷而棄兄弟，其執政貳也。貳心必失諸侯，豈唯魯然？夫失其政者，必毒於人，魯懼及焉，不可以不恭。必使上卿從之。」季平子曰：「然則意如乎！若我往，晉必患我，誰爲之貳？」子服惠伯曰：「椒既言之矣，敢逃難乎？椒請從。」

晉人執平子。子服惠伯見韓宣子曰：「夫盟，信之要也。晉爲盟主，是主信也。若盟而棄魯侯，信抑闕矣。昔欒氏之亂，齊人閒晉之禍，伐取朝歌。我先君襄公不敢寧處，使叔孫豹悉帥敝賦，跌跂畢行，無有處人，以從軍吏，次於雍渝，與邯鄲勝擊齊之左，偝止晏萊焉，齊師退而後敢還。非以求遠也，以魯之密邇於齊，而又小國也；齊朝駕則夕極於魯國，不敢憚其患，而與晉共其憂，亦曰：『庶幾有益於魯國乎！』今信蠻、夷而棄之，夫諸侯之勉於君者，將安勸矣？若棄魯而苟固諸侯，羣臣敢憚戮乎？諸侯之事晉者，魯爲勉矣。若以蠻、夷之故棄之，其無乃得蠻、夷而失諸侯之信乎？子計其利者，

小國共命。」宣子說，乃歸平子。（註二二）

昭公十三年晉成虒祁，諸侯朝而歸者皆有貳心。為取郠，晉將以諸侯來討。叔向曰：「諸侯不可以不示威。」乃並徵會告于吳。秋，晉侯會吳子于良，水道不可，吳子辭乃還。七月丙寅，治兵于邾南，甲車四千乘，羊舌鮒攝司馬，遂合諸侯于平丘，子產子大叔相鄭伯以會，子產以幄幕九張行，子大叔以四十，既而悔之，每舍損焉，及會亦如之。次于衞地，叔鮒求貨於衞，淫芻蕘者，衞人使屠伯饋叔向羹與一篋錦，曰：「諸侯事晉未敢攜貳，況衞在君之宇下，而敢有異志。芻蕘者異於他日，敢請之。」叔向受羹反錦，曰：「晉有羊舌鮒者，瀆貨無厭，亦將及矣，為此役也，子若以君命賜之，其已。」客從之，未退而禁之。晉人將尋盟，齊人不可。晉侯使叔向告劉獻公曰：「抑齊人不盟，若之何？」對曰：「盟以底信，君苟有信，諸侯不貳，何患焉！告之以文辭，董之以武師，雖齊不許，君庸多矣。天子之老請帥王賦，元戎十乘以先啟行，遲速唯君。」叔向告于齊曰：「諸侯求盟已在此矣，今君弗利寡君以為請。」對曰：「諸侯討貳，則有尋盟，若皆用命，何盟之尋？」叔向曰：「國家之敗，有事而無業，事則不經。有業而無禮，經則不序。有禮而無威，序則不共。有威而不昭，共則不明，不明弃共，百事不終，所由傾覆也。是故明王之制，使諸侯歲聘以志業，間朝以講禮，再朝而會以示威，再會而盟以顯昭明，志業於好，講禮於等，示威於衆，昭明於神，自安以來未之或失也，存亡之道恒由是興。晉禮主盟，懼有不治，奉承齊犧，而布諸君求終事也。君曰余必廢之，何齊之有？唯君圖之，寡君聞命矣。」齊人懼對曰：「小國言之，大國制之，敢不聽從，既聞命矣，敬共以往，遲速唯君。」叔向曰：「諸侯有間矣，不可以不示衆。」八月辛未治兵，建而不旆。壬申，復旆之，諸侯畏之。邾之，莒人，愬于晉曰：「魯朝夕伐我幾亡矣。我之不共，魯故之以。」晉侯不見公，使叔向來辭曰：「諸侯將以甲戌盟，寡君知不得事君矣，請君無勤。」子服惠伯對曰：「君信蠻夷之訴，以絕兄弟之國，弃周公之後，亦惟君，寡君聞命矣。」叔向曰：「寡君有甲車四千乘在，雖以無道行之，必可畏也，況其率道，其何敵之有？牛雖瘠，僨於豚上，其畏不死，南蒯子仲之憂，其庸可弃乎？若奉晉之衆，用諸侯之師，因邾、莒、杞、鄫之怒，以討魯罪，間其二憂，何求而弗克？」魯人懼聽命。甲戌，同盟于平丘，齊服也。（註二三）

吳王夫差。勝越以後，不接受伍員之意見，與越談和，伍氏始終認爲越是吳心腹之患，而夫差用兵北方，欲在中原爭霸：

1.左傳於「吳將伐齊」以後，多「越子率其衆以朝焉，王及列士皆有饋賂。」此實加强伍員之戒心，是以有諫吳王戒越之詞，爲史記採用。

2.左傳記伍員預計將來越必滅吳，所以在使齊時將其子託於鮑氏，吳王聽後，於是賜伍氏死。而國語記吳王於勝齊以後，卽賜伍氏死，史記亦從左傳。

3.關於伍氏之諫詞，左傳與國語有不同者，亦有左傳所無的，吾人能認爲當時無此事實，不合史著簡要原則，是可成立的：

吳王夫差既許越成，乃大戒師徒，將以伐齊。申胥進諫曰：「昔天以越賜吳，而王弗受。夫天命有反，今越王句踐恐懼而改其謀，舍其愆令，輕其征賦，施民所善，去民所惡，身自約也，裕其衆庶，其民殷衆，以多甲兵。越之在吳，猶人之有腹心之疾也。夫越王之不忘敗吳，於其心也侙然，服士以伺吾閒。今王非越是圖，而齊、魯以爲憂。夫齊、魯譬諸疾，疥癬也，豈能涉江、淮而與我爭此地哉？將必越實有吳土。

「王其盍亦鑑於人，無鑑於水。昔楚靈王不君，其臣箴諫以不入。乃築臺於章華之上，闕爲石郭，陂漢，以象帝舜。罷弊楚國，以閒陳、蔡。不修方城之內，踰諸夏而圖東國，三歲於沮、汾以服吳、越。其民不忍饑勞之殃，三軍叛王於乾谿。王親獨行，屏營仿偟於山林之中，三日乃見其涓人疇。王呼之曰：『余不食三日矣。』疇趨而進，王枕其股以寢於地。王寐，疇枕王以墣而去之。王覺而無見也，乃匍匐將入於棘闈，棘闈不納，乃入芋尹申亥氏焉。王縊，申亥負王以歸，而土埋之其室。此志也，豈遽忘於諸侯之耳乎？

「今王既變鮌、禹之功，而高高下下，以罷民於姑蘇。天奪吾食，都鄙荐饑。今王將很天而伐齊。夫吳民離矣，體有所傾，譬如羣獸然，一个負矢，將百羣皆奔，王其無方收也。越人必來襲我，王雖悔之，其猶有及乎？」

吳王夫差既勝齊人於艾陵，乃使行人奚斯釋言於齊，曰：「寡人帥不腆吳國之役，遵汶之上，不敢左右，唯好之故。今大夫國子興其衆庶，以犯獵吳國之師徒，天若不知有罪，則何以使下國勝！」

吳王還自伐齊，乃訊申胥曰：「昔吾先王體德明聖，達於上帝，譬如農夫作耦，以刈殺四方之蓬蒿，以立名於荊，此則大夫之力也。今大夫老，而又不自安恬逸，而處以念惡，出則罪吾衆，撓亂百度，以妖孽吳國。今天降衷於吳，齊師受服。孤豈敢自多，先王之鍾鼓，寔式靈之。敢告於大夫。」

申胥釋劍而對曰：「昔吾先生世有輔弼之臣，以能遂疑計惡，以不陷於大難。今王播棄黎老，而孩童焉比謀，曰『余令而不違。』夫不違，乃違也。夫不違，亡之階也。夫天之所棄，必驟近其小喜，而遠其大憂。王若不得志於齊，而以覺寤王心，而吳國猶世。吾先君得之也，必有以取之；其亡之也，亦有以棄之。用能援持盈以沒，而驟救傾以時。今王無以取之，而天祿亟至，是吳命之短也。員不忍稱疾辟易，以見王之親爲越之擒也。員請先死。」遂自殺。將死，曰：「以懸吾目於東門，以見越之入，吳國之亡也。」王慍曰：「孤不使大夫得有見也。」乃使取申胥之尸，盛以鴟鴞，而投之於江。（註二四）

吳將伐齊，越子率其衆以朝焉，王及列士皆有饋賂。吳人皆喜，惟子胥懼，曰：「是豢吳也夫！」諫曰：「越在我，心腹之疾也。壤地同而有欲於我，夫其柔服，求濟其欲也，不知早從事焉。得志於齊，猶獲石田也，無所用之。越不爲沼，吳其泯矣。使醫除疾，而曰『必遺類焉』者，未之有也。盤庚之誥曰，『其有顚越不共，則劓殄無遺育，無俾易種於玆邑』，是商所以興也。今君易之，將以求大，不亦難乎！」弗聽。使於齊，屬其子於鮑氏，爲王孫氏。反役，王聞之，使賜之屬鏤以死。將死，曰：「樹吾墓檟，檟可材也，吳其亡乎！三年其始弱矣。盈必毀，天之道也。」（註二五）

周天子將造一個鐘名無射，單穆公諫他，要意是樂要和，樂器不能超過限度，否則「國其危哉。」而景王不聽。問伶州鳩，鳩所答之言詞盡管有異，意思大概同與單子，樂除和以外，增一平字，景王又不聽。吾人見左傳均未採此兩說。所用者爲國語所未有之鳩私下評論語氣。相互比較，除樂須和以外，重要者，「和聲入於耳，而藏於心。」不和以後，「王心弗堪，其能久乎？」這樣鐘成之次年，景王卽死去。推知左傳未如國語之所用，概周未因此而生民變，而景王也未因此而死，未具因果關係，是以不用。

景王二十三年，王將鑄無射，而爲之大林。單穆公曰：「不可。作重幣以絕民資，又鑄大鍾以鮮其繼。若積聚既喪，又鮮其繼，生何以殖？且夫鍾不過以動聲，若無射有林，耳弗及也。夫鍾聲以爲耳也，耳所不及，非鍾聲也。猶目所不見，不可以爲目也。夫目之察度也，不過步武尺寸之閒；其察色也，不過墨丈尋常之閒。耳之察和也，在清濁之閒；其察清濁也，不過一人之所勝。是故先王之制鍾也，大不出鈞，重不過石。律度量衡於是乎生，小大器用於是乎出，故聖人愼之。今王作鍾也，聽之弗及，比之不度，鍾聲不可以知和，制度不可以出節，無益於樂，而鮮民財，將焉用之！

「夫樂不過以聽耳，而美不過以觀目。若聽樂而震，觀美而眩，患莫甚焉。夫耳目，心之樞機也，故必聽和而視正。聽和則聰，視正則明。聰則言聽，明則德昭。聽言昭德，則能思慮純固。以言德於民，民歆而德之，則歸心焉。上得民心，以殖義方，是以作無不濟，求無不獲，然則能樂。夫耳內和聲，而口出美言，以爲憲令，而布諸民，正之以度量，民以心力，從之不倦。成事不貳，樂之至也。口內味而耳內聲，聲味生氣。氣在口爲言，在目爲明。言以信名，明以時動。名以成政，動以殖生。政成生殖，樂之至也。若視聽不和，而有震眩，則味入不精，不精則氣佚，氣佚則不和。於是乎有狂悖之言，有眩惑之明，有轉易之名，有過慝之度。出令不信，刑政放紛，動不順時，民無據依，不知所力，各有離心。上失其民，作則不濟，求則不獲，其何以能樂？三年之中，而有離民之器二焉，國其危哉！」

王弗聽，問之伶州鳩。對曰：「臣之守官弗及也。臣聞之，琴瑟尚宮，鍾尚羽，石尚角，匏竹利制，大不踰宮，細不過羽。夫宮，音之主也。第以及羽，聖人保樂而愛財，財以備器，樂以殖財。故樂器重者從細，輕者從大。是以金尚羽，石尚角，瓦絲尚宮，匏竹尚議，革木一聲。

「夫政象樂，樂從和，和從平。聲以和樂，律以平聲。金石以動之，絲竹以行之，詩以道之，歌以詠之，匏以宣之，瓦以贊之，革木以節之。物得其常曰樂極，極之所集曰聲，聲應相保曰和，細大不踰曰平。如是，而鑄之金，磨之石，繫之絲木，越之匏竹，節之鼓而行之，以遂八風。於是乎氣無滯陰，亦無散陽，陰陽序次，風雨時至，嘉生繁祉，人民龢利，物備而樂成，上下不罷，故曰樂正。今細過其主妨於正，用物過度妨於財，正害財匱妨於樂。細抑大陵，不容於耳，非和也。聽聲越遠，非平也。妨正匱財，聲不和平，非宗官之所司也。

「夫有和平之聲，則有蕃殖之財。於是乎道之以中德，詠之以中音，德音不愆，以合神人，神是以寧，民是以聽。若夫匱財用，罷民力，以逞淫心，聽之不和，比之不度，無益於教，而離民怒神，非臣之所聞也。」

王不聽，卒鑄大鍾。二十四年，鍾成，伶人告和。王謂伶州鳩曰：「鍾果和矣。」對曰：「未可知也。」王曰：「何故？」對曰：「上作器，民備樂之，則爲和。今財亡民罷，莫不怨恨，臣不知其和也。且民所曹好，鮮其不濟也。其所曹惡，鮮其不廢也。故諺曰：『衆心成城，衆口鑠金。』三年之中，而害金再興焉，懼一之廢也。」王曰：「爾老耄矣！何知？」二十五年，王崩，鍾不和。

王將鑄無射，問律於伶州鳩。對曰：「律所以立均出度也。古之神瞽考中聲而量之以制，度律均鍾，百官軌儀，紀之以三，平之以六，成於十二，天之道也。夫六，中之色也，故名之曰黃鍾，所以宣養六氣、九德也。由是第之：二曰太蔟，所以金奏贊陽出滯也。三曰姑洗，所以修潔百物，考神納賓也。四曰蕤賓，所以安靖神人，獻酬交酢也。五曰夷則，所以詠歌九則，平民無貳也。六曰無射，所以宣布哲人之令德，示民軌儀也。爲之六閒，以揚沈伏，而黜散越也。元閒大呂，助宣物也。二閒夾鍾，出四隙之細也。三閒仲呂，宣中氣也。四閒林鍾，和展百事，俾莫不任肅純恪也。五閒南呂，贊陽秀也。六閒應鍾，均利器用，俾應復也。

「律呂不易，無姦物也。細鈞有鍾無鎛，昭其大也。大鈞有鎛無鍾，甚大無鎛，鳴其細也。大昭小鳴，和之道也。和平則久，久固則純，純明則終，終復則樂，所以成政也，故先王貴之。」

王曰：「七律者何？」對曰：「昔武王伐殷，歲在鶉火，月在天駟，日在析木之津，辰在斗柄，星在天黿。星與日辰之位，皆在北維。顓頊之所建也，帝嚳受之。我姬氏出自天黿，及析木者，有建星及牽牛焉，則我皇妣大姜之姪伯陵之後，逄公之所憑神也。歲之所在，則我有周之分野也。月之所在，辰馬農祥也。我太祖后稷之所經緯也，王欲合是五位三所而用之。自鶉及駟七列也。南北之揆七同也，凡人神以數合之，以聲昭之。數合聲和，然後可同也。故以七同其數，而以律和其聲，於是乎有七律。

「王以二月癸亥夜陳，未畢而雨。以夷則之上宮畢，當辰。辰在戌上，故長夷則之上宮，名之曰羽，所以藩屏民則也。王以黃鍾之下宮，布戎于牧之野，故謂之厲，所以厲六師也。以太簇之下宮，布令于商，昭顯文德，底紂之多罪，故謂之宣，所以宣三王之德也。反及嬴內，以無射之上宮，布憲施舍於百姓，故謂之嬴亂，所以優柔容民也。」（註二六）

昭公二十一年春，天王將鑄無射。伶州鳩曰：「王其以心疾死乎！夫樂，天子之職也。夫音，樂之輿也；而鐘，音之器也。天子省風以作樂，器以鐘之，輿以行之。小者不窕，大者不槬，則和於物。物和則嘉成。故和聲入於耳，而藏於心。心億則樂，窕則不咸，槬則不容，心是以感，感實生疾。今鐘槬矣，王心弗堪，其能久乎！」（註二七）

魯襄公在楚時，大夫季武子佔據汴之經過：

1.左傳敍述楚康王葬後，新王即位，及令尹任命等事。

2.國語詳記者爲榮成伯反對魯襄公欲借楚師伐季武子之說詞。而左傳無。左傳所多者：「公謂公治曰吾可入乎？」對曰：「公實有國，進敢違君？」此表示季氏在魯國已有威脅國君之力量。吾人和左傳之如此選擇，前者因榮成伯之反對，遂未借楚軍，無事實之呈現，所以不記。後者表示魯國政治之實情，當重要的多。

3.國語稱季治、子治、左傳稱公治，概爲一人，不作深論。左傳所記者多公與公治晃服，及公治將封邑還給季氏，臨死拒絕季氏之埋葬，此皆嘉許治之爲人也。於此知高尚之大夫，所作之事雖不影響國政，左傳仍記之以表揚。

反，及方城，聞季武子襲卞，公欲還，出楚師以伐魯。榮成伯曰：「不可。君之於臣，其威大矣。不能令於國，而恃諸侯，諸侯其誰暱之？若得楚師以伐魯，魯既不違夙之取卞也，必用命焉，守必固矣。若楚之克魯，諸姬不獲闚焉，而況君乎？彼無亦置其同類以服東夷，而大攘諸夏，將天下是王，而何德於君，其予君也？若不克魯，君以蠻、夷伐之，而又求入焉，必不獲矣。不如予之。夙之事君也，不敢不悛。醉而怒，醒而喜，庸何傷？君其入也！」乃歸。

襄公在楚，季武子取卞，使季冶逆，追而予之璽書，以告曰：「卞人將畔，臣討之，既得之矣。」公未言，榮成子曰：「子股肱魯國，社稷之事，子實制之。唯子所利，何必卞？卞有罪而子征之，子之隸也，又何謁焉？」子冶歸，致祿而不出，曰：「使予欺君，謂予能也。能而欺其君，敢享其祿而立其朝乎？」（註二八）

襄公二十九年夏四月，葬楚康王。公及陳侯、鄭伯、許男送葬。公還，及方城，季武子取卞，使公冶問，璽書追而與之，曰：「聞守卞者將叛，臣帥徒以討之。既得之矣，敢告。」公冶致使而退。及舍，而後聞取卞。公曰：「欲之而言叛，祇見疏也。」公謂公冶曰：「吾可以入乎？」對曰：「公實有國，誰敢違君？」公與公冶冕服，固辭，強之而後受。公欲無人，榮成伯賦式微，乃歸。五月，公至自楚。公冶致其邑於季氏，而終不入焉，曰：「欺其君，何必使余？」季孫見之，則言季氏如他日；不見，則終

不言季氏。及疾，聚其臣曰：「我死，必無以冕服斂，非德賞也。且無使季氏葬我！」（註二九）

將歷史事實能夠很完備的陳列在讀者之前，是一件很困難的事，史書的好壞，亦以此爲斷。當一個史家將大量史料搜集後，首先工作是剔除不需要的，次一步是將次要的簡省，重要者必須强調。敍述同時代之史書，將之比較，看其對史事增加是否確當，亦甚重要。左傳與國語相比較，不用與簡省，已大概敍述。今述其增加史實，在史家而言，是一件非常細心的工作。因爲許多事的過程與原因是不明顯的。在史料本身，看不出是弦外之音，還要從許多有因果關係再選擇有歷史意義的因果關係。故必須有極强的觀察與判斷力，更須對此事及整個時代的歷史有全盤的了解，始能確定。另外，一件事的發生，原因絕非單一的，所以必須一一將其尋出，也是要相當仔細的工作。

前文所引者，國語記「長勺之役」，而左傳增改「齊師伐我」其增加爲作戰對象，是必須的。當然，如果寫的是齊魯兩國戰爭史，可以不需如此說明。這表示敍述方式不是刻板的，應當靈活運用。

關於左傳增加戰場之敍述，在寫全史的立場，還是很重要的。戰爭誠然是殘酷的事，但爲解決爭端的最後手段，是歷史中必然發生的事，也是表現人類才華的另一面。是以後代史書，如史記敘述項羽之鉅鹿之戰，韓信拔趙之役。以後資治通鑑昆陽，赤壁之戰，皆爲仿效之極佳作品。

魯國違背弭兵大會之盟約，侵莒獲得鄆地，楚欲懲罰魯使，左傳開始將原委補述清楚，文中已有申論，當不再贅。叔孫穆子不肯賄賂樂桓子，只是叔孫氏個人品德之表，非全事之重心。晉之趙孟讚揚叔孫之美德向楚求情，始將此事化解，是叔孫優良品德發生良好之作用。重要者，爲魯國化解了一次嚴重危機，所以爲全文最重要部份，國語未將之記出，實爲重要缺失。相對的，左傳較完備，另外也表示左傳注意國與國間之事，不僅只在表揚個人而已。

晉語在國語中爲最多之一語，記晉國事亦較多。今若與左傳一一化較，則左傳所未有，或左傳將之減省之現象錯雜出現，令人目眩且此二者已在前提及。今爲易於明瞭起見，單獨提出左傳多者討論。所以取晉惠公、懷公與文公之數事，作簡單說明。關於惠公未立以前，晉國經過一段很長的混亂時期，則見國語未將惠公立位之經過記出。里克殺奚齊及卓子以後，惠公始能被立，惠公卽位後，不顧道義的殺了他，雖是專制君主下的常事，但總是違反常理，易失民心。國語雖有記述，但並不完整清楚。左傳則把全部過程詳細記載，這種增加是非適當的。晉惠公在國內措施失當，對秦又失信，終於爆發了戰爭而被俘，秦穆公在群臣爭議紛紛，不能決定是殺是放的時侯，由夫人穆姬以死要脅而釋放，惠公是穆姬之弟，兩者皆爲最親之人，此擧當爲自然，也最有力量。左傳的增加，是應當的，史記晉世家，據以記載，可爲有力之佐證。

國語記晉惠公死，懷公卽位，秦卽納文公歸晉國，文公得返國。這過程似太單純。吾人皆知任何一事發生，都有多種原因，如文公之能立，由於秦穆公協助是確實的，但如果懷公在國內政治清明，深得人民擁戴，文公之回國機會減少。最低限度，阻力增加。換言之，一件事的敍述必須正反兩面都要說明，否則只能算是一面之詞。左傳將懷公之出身以及在位時間不當措施都記出，因深失民心，使文公易於返國。懷嬴是秦給懷公及文公二人之侍妾，曾經是文公入國時之關鍵人物，而國語僅記文公曾經拒絕接受之經過，然後又怕得罪秦穆公而接受。但未將懷嬴與懷公的關係交待清楚，則以後發生的事無法瞭解。兩者左傳皆有敍述，是左傳所增多而合理的。

周襄王避昭叔之亂，國語左傳皆有記載。而左傳多「晉侯辭秦師而下。」這是一個關鍵語句，表示晉文公已決心爭取霸主地位，不欲秦國分享其功，於是獨立勤王，對日後發生之事發揮了前呼後應作用。

決定戰爭勝負的因素很多，主帥的戰術戰略運用佔很重要的成份。所以敍述戰史者，經常分析主帥的個性及其行事。城濮戰爭時，左傳敍述楚主帥子玉練兵的情形。這就已將楚必敗的原因之一記出，楚王不欲子玉與文公作戰，而少給其軍，也是楚軍失敗的因素。戰爭前，晉文公是極端的恐懼，所以對輿人誦而疑慮，夢到與楚子搏鬥，楚王伏在自己身上咀嚼自己的腦子，是表示內心深處懼怕楚國，現示楚國力量確是較爲强大。這種敍述，增加了此次戰爭的生動性。

魯昭公十三年，晉爲了魯國三年前奪取郠，遂率領諸侯軍隊討伐魯國。國語只記晉昭公使叔向告訴魯昭公不要參加盟會，無叔向拒絕魯君之說詞，另記子服惠伯之說詞，其他則不記。吾人從左傳增多的記載中知道，諸侯對晉國已有二心，并也知道討魯之原因。尤其叔向對齊國不願參加盟會說的威脅性講話，伎齊國就範。邾人莒人控告魯國時常侵略他們時，晉國於是不接見魯君，在子服惠伯答辯時，叔向說出晉國强大的實力，魯國才屈服。在魯語僅記子服惠伯之說詞，表揚其威武不屈之精神，至於魯國因叔向一席話而屈服之事，則無記載。對於平丘之會，也一無所知。實際上此盟會，事關春秋時代霸王晉國及各國，不知此記載，不能知其重要性。

吳越交戰及伍員事，爲國人所最熟知者，吳王夫差於勝越以後，不接受伍員之意見，滅掉越國，得意之餘，欲到中原爭霸。左傳增加越王勾踐，爲減少吳王的戒心，做得非常恭順，在吳將伐齊前率其屬去朝拜，對各人都有饋送。伍員以此提醒夫差要戒備越國。另國語記吳王於勝齊後卽賜伍員死，而左傳增加伍氏使齊時將其子託於鮑氏，吳王怒而賜之死，想二者都是合理的。以伍氏之智慧已斷定越王必會復仇，吳王之疏忽，必爲越所敗，這樣規諫及把子託他國之措施是合理的。

越國趁吳王北上會晉定公於黃池時，進攻吳國，吳失敗而亡。戰爭經過，國語僅記以「越亂告」，而左傳將之詳細記載。比較兩書，國語致力於夫差參加盟會時之記載，左傳則重視吳滅亡之事，盟會爭長未得結果，而滅亡是旣成事實，何者正確，不問自知。

關於周景王造大鐘無射，引起了單穆公及伶卅鳩的爭諫，二書所記則不相同。國語所記重在說明鐘成後，會發生民變，但事實上卻未發生。左傳所記重在王的心理不平和，會造成個人死亡。果眞景王於次年崩逝。於此知，左傳的作者非常細心，史實的選擇，必須有因果關係者。

魯襄公在楚國，季武子佔據汴，是目無國君之事。國語記榮成伯反對魯襄公借楚軍伐季武子的說詞，而左傳記襄公畏懼季氏之力量，躊躕不敢回國，公冶力促其返國，這表示季氏在魯國力量已强大，而威脅到國君，這是實際政治襯托的寫法，另襄公因之未借楚軍攻打季武子，確因公冶之鼓勵而返國。

【註釋】

註　一　國語　卷四　魯語上　一五一頁
註　二　左傳　莊公　十年　一八二—三頁
註　三　國語　卷五　魯語下　一九六—七頁
註　四　左傳　昭公　元年　二〇四—八頁
註　五　國語　卷五　魯語下　一九八頁
註　六　左傳　昭公　元年　二一一頁
註　七　國語　卷九　晉三　二一九—二〇
註　八　左傳　僖公　十年　三三三—四頁
註　九　國語　卷九　晉語三　三二八—九頁
註一〇　左傳　僖公　十五年　三五八—六〇
註一一　國語　卷九　晉三　三三五頁
註一二　國語　晉四　三五五—八頁
註一三　左傳　僖公　十七年　三七二頁
註一四　左傳　僖公　二十三年　四〇二—三頁
註一五　左傳　僖公　二十三年　四一〇頁
註一六　國語　卷十　晉語四　三七三頁

註一七　左傳　僖公　二十五年　四三二頁

註一八　國語　卷十　晉語四　三七九頁

註一九　左傳　僖公　二十七年　四四四—五頁

註二〇　左傳　僖公　二十八年　四五六—七頁

註二一　左傳　僖公　二十八年　四五六—六〇頁

註二二　國語　卷五　魯語下　一九八—二〇〇頁

註二三　左傳　昭公　十三年　一三五二

註二四　國語　卷一九　五九七—六〇二頁

註二五　左傳　哀公　十一年　一六六四頁

註二六　國語　卷三　周語下　一二二—四一頁

註二七　左傳　昭公　二十一年　一四二三—四頁

註二八　國語　卷五　魯語下　一九三—四頁

註二九　左傳　襄公　二十九年　一一五五—六

四、論左傳說詞及論斷較國語之為詳者

本節所討論者為左傳較國語說詞及論斷之增加。兩書比較，記載同一人同一事之說詞，左傳比國語簡省較多，但其中亦有增多者，數量雖少，皆有其特刋別意義，由此可知，左傳並非一昧較國語簡省者。此節配合前所討論，左傳省略及簡省部份合讀，前可以知左傳中心思想，與作者捨棄、簡化、增加、三原則，靈活運用，非死守一途也。

關於論斷的增加，最代表作者之意見，吾人知道史著已經代表作者之時代背景及思想，（註一）但必須具備深厚學識之讀者始能得之，不如論斷之顯而易見也。

國語魯語云：

齊孝公來伐魯，臧文仲欲以辭告，病焉，問於展禽。對曰：「獲聞之，處大教小，處小事大，所以禦亂也，不聞以辭。若為小而崇以怒大國，使加己亂，亂在前矣，辭其何益？」文仲曰：「國急矣！百物唯其可者，將無不趨也。願以子之辭行賂焉，其可賂乎？」

展禽使乙喜以膏沐犒師，曰：「寡君不佞，不能事疆埸之司，使君盛怒，以暴露於弊

邑之野，敢犒輿師。」齊侯見使者曰：「魯國恐乎？」對曰：「小人恐矣，君子則否。」公曰：「室如懸磬，野無青草，何恃而不恐？」對曰：「恃二先君之所職業。昔者成王命我先君周公及齊先君太公曰：『女股肱周室，以夾輔先王。賜女土地，質之以犧牲，世世子孫無相害也。』君今來討弊邑之罪，其亦使聽從而釋之，必不泯其社稷；豈其貪壤地，而棄先王之命？其何以鎭撫諸侯？恃此以不恐。」齊侯乃許爲平而還。

（註二）

左傳僖公二十九年云：

僖公二十六夏，齊孝公伐我北鄙，衞人伐齊，洮之盟故也。公使展喜犒師，使受命于展禽，齊侯未入竟，展喜從之，曰：「寡君聞君親舉玉趾，將辱於敝邑，使下臣犒執事。」齊侯曰：「魯人恐乎？」對曰：「小人恐矣，君子則否。」齊侯曰：「室如縣罄，野無青草，何恃而不恐？」對曰：「恃先王之命。昔周公大公股肱周室，夾輔成王，成王勞之，而賜之盟，曰『世世子孫，無相害也』。載在盟府，大師職之。「桓公是以糾合諸侯，而謀其不協。彌縫其闕，而匡救其災，昭舊職也。及君卽位諸侯之望曰其率桓之功。我敝邑用不敢保聚，曰豈其嗣世九年而棄命廢職，其若先君何？君必不然，恃此以不恐。」齊侯乃還。（註三）

齊孝公攻魯國北方邊界，魯僖公使展喜去勞軍，并說服他停戰：㈠國語所多者爲臧文仲如何欲展禽作遊說使臣之記載。㈡齊侯見魯使之問話，二書全同，對話之意思全同，國語則用語較多。㈢左傳多「桓公是以大合諸侯……」此段用桓公加重齊孝公守盟約之責任，使遊說之力量加强。

比較兩書，國語所多者與遊說齊事關係不大，後段左傳所加者，爲增强說服力。吾人所知，同一事對話記載，左傳多數較國語記載者爲少，此地獨多，是知左傳并非一味簡省，如有必要，還是會增加的。

國語楚語云：

椒舉娶於申公子牟，子牟有罪而亡，康王以爲椒舉遣之，椒舉奔鄭，將遂奔晉。蔡聲子將如晉，遇之於鄭，饗之以璧侑，曰：「子尚良食，二先子其皆相子，尚能事晉君以爲諸侯主。」辭曰：「非所願也。若得歸骨於楚，死且不朽。」聲子曰；「子尚良食，吾歸子。」椒舉降三拜，納其乘馬，聲子受之。

還見令尹子木，子木與之語，曰：「子雖兄弟於晉，然蔡吾甥也，二國孰賢？」對曰：「晉卿不若楚，其大夫則賢，其大夫皆卿材也，若杞梓、皮革焉，楚實遺之，雖楚有材，不能用也。」子木曰：「彼有公族甥、舅，若之何其遺之材也？」對曰：「昔令尹子元之難，或譖王孫啟於成王，王弗是，王孫啟奔晉，晉人用之。及城濮之役，晉將遁矣，王孫啟與於軍事，謂先軫曰：『是師也，唯子玉欲之，與王心違，故唯東宮與西廣寔來。諸侯之從者，叛者半矣，若敖氏離矣，楚師必敗，何故去之！』先軫從之，大敗楚師，則王孫啟之爲也。

「昔莊王方弱，申公子儀父爲師，王子燮爲傅，使師崇、子孔帥師以伐舒。燮及儀父施二帥而分其室。師還至，則以王如廬，廬戢黎殺二子而復王。或譖析公臣於王，王弗是，析公奔晉，晉人用之。寔讒敗楚，使不規東夏，則析公之爲也。

「昔雍子之父兄譖雍子於恭王，王弗是，雍子奔晉，晉人用之，及鄢之役，晉將遁矣，雍子與於軍事，謂欒書曰：『楚師可料也，在中軍王族而已。若易中下，楚必歆之。若合而臽吾中，吾上下必敗其左右，則三萃以攻其王族，必大敗之。』欒書從之，大敗楚師，王親面傷，則雍子之爲也。

「昔陳公子夏爲御叔娶於鄭穆公，生子南，子南之母亂陳而亡之，使子南戮於諸侯。莊王既以夏氏之室賜申公巫臣，則又畀之子反，卒於襄老。襄老死于邲，二子爭之，未有成。恭王使巫臣聘於齊，以夏姬行，遂奔晉。晉人用之，寔通吳、晉。使其子狐庸爲行人於吳，而教之射御，導之伐楚，至于今爲患，則申公巫臣之爲也。

「今椒舉娶於子牟，子牟得罪而亡，執政弗是，謂椒舉曰：『女實遣之。』彼懼而奔鄭，緬然引領南望，曰：『庶幾赦吾罪。』又不圖也，乃遂奔晉，晉人又用之矣。彼若謀楚，其亦必有豐敗也哉。」

子木愀然，曰「夫子何如，召之其來乎？」對曰：「亡人得生，又何不來爲。子木曰：「不來，則若之何？」對曰：「夫子不居矣，春秋相事，以還軫於諸侯。若資東陽之盜使殺之，其可乎？不然，不來矣。」子木曰：「不可。我爲楚卿，而賂盜以賊一夫於晉，非義也。子爲我召之，吾倍其室。」乃使椒鳴召其父而復之。（註四）

左傳襄公二十六年云：

初，楚伍參與蔡大師子朝友，其子伍舉與聲子相善也。伍舉娶於王子牟，王子牟爲申公而亡。楚人曰：「伍舉實送之。」伍舉奔鄭，將遂奔晉。聲子將如晉，遇之於鄭郊，班荊相與食，而言復故。聲子曰：「子行也，吾必復子。」及宋，向戌將平晉、楚。聲子通使於晉，還如楚，令尹子木與之語，問晉故焉。且曰：「晉大夫與楚孰賢？」對曰「晉卿不如楚，其大夫則賢，皆卿材也。如杞梓、皮革，自楚往也。雖楚有材，晉實用之。」子木曰：「夫獨無族姻乎？」對曰：「雖有而用，楚材實多。「歸生聞之，善爲國者，賞不僭而刑不濫。賞僭，則懼及淫人；刑濫，則懼及善人。若不幸而過，寧僭無濫。與其失善，寧其利淫。無善人，則國從之。詩曰：『人之云亡，邦國殄瘁』，無善人之謂也。故夏書曰，『與其殺不辜，寧失不經』，懼失善也。商頌有之曰，『不僭不濫，不敢怠皇。命於下國，封建厥福』，此湯所以獲天福也。古之治民者，勸賞而畏刑，恤民不倦。賞以春夏，刑以秋冬。是以將賞，爲之加膳；加膳則飫賜，此以知其勸賞也。將刑，爲之不舉；不舉，則徹樂，此以知其畏刑也。夙興夜寐，朝夕臨政，此以知其恤民也。三者，禮之大節也。有禮無敗。今楚多淫刑，其大夫逃死於四方，而爲之謀主，以害楚國，不可救療，所謂不能也。」子儀之亂，析公奔晉，晉人置諸戎車之殿，以爲謀主。繞角之役，晉將遁矣，析公曰：『楚師輕窕，易震蕩也。若多鼓鈞聲，以夜軍之，楚師必遁。』晉人從之，楚師宵潰，晉遂侵蔡、襲沈，獲其君，敗申、息之師於桑隧，獲申麗而還，鄭於是不敢南面。楚失華夏，則析公之爲也。雍子之父兄譖雍子，君與大夫不善是也，雍子奔晉，晉人與之鄐，以爲謀主。彭城之役，晉、楚遇於靡角之谷。晉將遁矣，雍子發命於軍曰：「歸老幼，反孤疾；二人役，歸一人；簡兵蒐乘，秣馬蓐食，師陳焚次，明日將戰。」行歸者，而逸楚囚，楚師宵潰，晉降彭城而歸諸宋，以魚石歸。楚失東夷，子辛死之，則雍子之爲也。子反與子靈爭夏姬，而雍害其事，子靈奔晉，晉人與之邢，以爲謀主。扞禦北狄，通吳於晉，教吳叛楚，教之乘車、射御、驅侵，使其子狐庸爲吳行人焉，吳於是伐巢、取駕、克棘、入州來。楚罷於奔命，至今爲患，則子靈之爲也。若敖之亂，伯賁之子賁皇奔晉，晉人與之苗，以爲謀主。鄢陵之役，楚晨壓晉軍而陳，晉將遁矣。苗賁皇曰：「楚師之良，在其中軍王族而已。若塞井夷竈，成陳以當之；欒、范易行以誘之，中行二郤必克二穆。吾乃四萃於其王族，必大敗之。」晉人從之，楚師大敗。王夷師熸，子反死之。鄭叛、吳興，楚失諸侯，則苗賁皇之爲也。子木曰：「是皆然矣。」聲子曰：「今又有甚於此。椒舉娶於申公子牟，子牟得戾而亡，君大夫謂椒舉女實遣之，懼而奔鄭。引領南望曰，『庶幾赦余』！亦弗圖也，今在晉矣。晉人將與之縣，以比叔向。彼若謀害楚國，豈不爲患？」子木懼，言諸王，益其爵祿而復之。聲子使椒鳴逆之。（註五）

楚伍舉將逃亡晉國，蔡聲子說令尹子木命其返國之說詞，二文比較：㈠左傳將二人父子兩代相交情形敘述清楚，國語雖於開始之對話中提及二人之父文，但未言及本人。㈡左傳之對話節潔。㈢在聲子說子木之止文中，國語記「雖楚有材，不能用也。」左傳記：「楚雖有材，晉實用之。」㈣左傳多「善爲國者，賞不僭而刑不濫。」一段很長的說詞，在說人方面則增加力量。㈤說詞中列舉晉國歷次聽從楚國降臣意見，戰勝楚國之事實。國語所舉者有：王孫啟、析公、雍子、申公巫臣，而左傳所舉者：析公、雍子、子靈（申公巫臣）、苗賁皇人數皆爲四人，但有一人不同，無他佐證，無法評其確否。㈥從各事敘述內容比較，左傳則將每次戰爭，聽從楚亡臣謀略，使楚失敗之經過詳爲說明，以增加其說服力量，國語則簡略。㈦最後加「今又甚於此」，「晉人將與之縣，以比叔向」亦是增加力量。

國語周語云：

襄王十三年，鄭人伐滑。王使游孫伯請滑，鄭人執之。王怒，將以狄伐鄭。富辰諫曰：「不可。古人有言曰：『兄弟讒鬩、侮人百里。』周文公之詩曰：『兄弟鬩于牆，外禦其侮。』若是則鬩乃內侮，而雖鬩不敗親也。鄭在天子，兄弟也。鄭武、莊有大勳力于平、桓；我周之東遷，晉、鄭是依；子頹之亂，又鄭之繇定。今以小忿棄之，是以小怨置大德也，無乃不可乎！且夫兄弟之怨，不徵於他，徵於他，利乃外矣。章怨外利，不義；棄親卽狄，不祥；以怨報德，不仁。夫義所以生利也，祥所以事神也，仁所以保民也。不義則利不阜，不祥則福不降，不仁則民不至。古之明王不失此三德者，故能光有天下，而和寧百姓，令聞不忘。王其不可以棄之。」王不聽。十七年，王降狄師以伐鄭。（註六）

左傳僖公二十四年云：

鄭之入滑也，滑人聽命。師還，又卽衞。鄭公子士、洩堵俞彌帥師伐滑。王使伯服、游孫伯如鄭請滑。鄭伯怨惠王之入而不與厲公爵也，又怨襄王之與衞滑也，故不聽王命，而執二子。王怒，將以狄伐鄭。富辰諫曰：「不可，臣聞之：『大上以德撫民，其次親親，以相及也。』昔周公弔二叔之不咸，故封建親戚，以蕃屏周。管、蔡、郕、霍、魯、衞、毛、聃、郜、雍、曹、滕、畢、原、酆、郇，文之昭也；邘、晉、應、韓，武之穆也；凡、蔣、邢、茅、胙、祭，周公之胤也。召穆公思周德之不類，故糾合宗族於成周，而作詩曰：『常棣之華，鄂不韡韡。凡今之人，莫如兄弟。』其四章曰：『兄弟鬩于牆，外禦其侮。』如是，則兄弟雖有小忿，不廢懿親。今天子不忍小忿，以棄鄭親，其若之何？庸勳、親親、暱近、尊賢，德之大者也。卽聾、從昧、與頑、用嚚，姦之大者也。棄德、崇姦，禍之大者也。鄭有平、惠之勳，又有厲、宣之親，棄嬖寵而用三良，於諸姬爲近。四德具矣。耳不聽五聲之和爲聾，目不別五色之章爲昧，心不則德義之經爲頑，口不道忠信之言爲嚚。狄皆則之，四姦具矣。周之有懿德也，猶曰『莫如兄弟』，故封建之。其懷柔天下也，猶懼有外侮。扞禦侮者，莫如親親，故以親屏周。召穆公亦云。今周德既衰，於是乎又渝周、召，以從諸姦，無乃不可乎？民未忘禍，王又興之，其若文、武何？」王弗聽，使頹叔、桃子出狄師。

（註七）

國語敍述鄭人執王之使臣，使王怒，而左傳多「惠王之入而不予厲公爵也，又怨襄王之與衞滑，故不聽王命。」將鄭怨王之因列出，較國語良善多矣。比較二文，左傳將富展諫詞所記較國語爲多。其全篇大意爲周公推行封建制度之原因，亦卽西周立國精神，所以左傳對此特別重視，不但其重要詞句與國語相同者甚多，並對細節有詳細記載，如周公所封國家名稱及其關係，及德奸之細目。至於詞章非討論範圍，不作比較。

國語周語云：

簡王八年，魯成公來朝，使叔孫僑如先聘且告。見王孫說，與之語。說言於王曰：「魯叔孫之來也，必有異焉。其享覲之幣薄而言諂，殆請之也；若請之，必欲賜也。魯執政唯强，故不歡焉而後遣之；且其狀方上而銳下，宜觸冒人。王其勿賜。若貪陵之人來而盈其願，是不賞善也，且財不給。故聖人之施舍也議之，其喜怒取與亦議之。是以不主寬惠，亦不主猛毅，主德義而已。」王曰：「諾。」使私問諸魯，請之也。王遂不賜，禮如行人。及魯侯至，仲孫蔑爲介，王孫說與之語，說讓。說以語王，王厚賄之。（註八）

左傳成公十三年云：

成公十三年三月，公如京師。宣伯欲賜，請先使，王以行人之禮禮焉。孟獻子從，王以爲介而重賄之。公及諸侯朝王，遂從劉康公成肅公會晉侯伐秦。成子受脤于社不敬。劉子曰：「吾聞之，民受天地之中以生，所謂命也，是以有動作禮義威儀之則，以定命也。能者養之以福，不能者敗以取禍。是故君子勤禮，小人盡力。勤禮莫如致敬，盡力莫如敦焉，敬在養神，篤在守業。國之大事在祀與戎，祀有執膰，戎有受脤，神之大節也。今成子惰，充其命矣。其不反乎？」（註八）

簡王八年，魯成公十三年，成公欲至京城，叔孫宣伯想周王賞賜他，請求先派他去，見到王孫說，王孫說同他談話後，告訴周王，說他「言諂」，如果予以賞賜，則是不賞善人，而王孫說見到仲孫蔑，請於王厚賞他。左傳僅將事實記述下來，王孫說之說詞一字未記，但成子受脤不敬，劉康公對之批評，左傳則詳爲記出，國語則一字未記。相形對照下，可見左傳所重視者，爲劉子所言「勤禮莫如致敬」，「敬在奉神」，叔孫宣伯僅圖小利之小人而已，是不足一記。

國語魯語云：

莒太子僕弒紀公，以其寶來奔。宣公使僕人以書命季文子曰：「夫莒太子不憚以吾故殺其君，而以其寶來，其愛我甚矣。爲我予之邑。今日必授，無逆命矣。」里革遇之而更其書曰：「夫莒太子殺其君而竊其寶來，不識窮固又求自邇，爲我流之於夷。今日必通，無逆命矣。」明日，有司復命，公詰之，僕人以里革對。公執之，曰：「違君命者，女亦聞之乎？」對曰：「臣以死奮筆，奚啻其聞之也！臣聞之曰：『毀則者爲賊，掩賊者爲藏，竊寶者爲宄，用宄之財者爲姦』，使君爲藏姦者，不可不去也。臣違君命者，亦不可不殺也。」公曰：「寡人實貪，非子之罪。」乃舍之。（註一〇）

左傳文公十八年云：

文公十八年，莒紀公生太子僕，又生季佗。愛季佗而黜僕，且多行無禮於國。僕因國人以弑紀公，以其寶玉來奔，納諸宣公。公命與之邑，曰「今日必授！」季文子使司寇出諸竟，曰：「今日必達！」公問其故。季文子使太史克對曰：「先大夫臧文仲教行父事君之禮，行父奉以周旋，弗敢失隊，曰：『見有禮于其君者，事之，如孝子之養父母也，見無禮于其君者，誅之，如鷹鸇之逐鳥雀也。』先君周公制周禮曰：『則以觀德，德以處事，事以度功，功以食民。』作誓命曰：『毀則爲賊，掩賊爲藏。竊賄爲盜，盜器爲姦，主藏之名，賴姦之用，爲大凶德，有常無赦，在九刑不忘。』行父還觀莒僕，莫可則也。孝敬、忠信爲吉德，盜賊、藏姦爲凶德。夫莒僕，則其孝敬，則弑君父矣；則其忠信，則竊寶玉矣。其人，則盜賊也；其器，則姦兆也。保而利之，則主藏也。以訓則昏，民無則焉。不度於善，而皆在於凶德，是以去之。昔高陽氏有才子八人，蒼舒、隤敳、檮戭、大臨、尨降、庭堅、仲容、叔達，齊、聖、廣、淵、明、允、篤、誠，天下之民謂之八愷。高辛氏有才子八人，伯奮，仲堪、叔獻、季仲、伯虎、仲熊、叔豹、季貍，忠、肅、共、懿、宣、慈、惠、和，天下之民謂之八元。此十六族也，世濟其美，不隕其名，以至于堯，堯不能舉。舜臣堯，舉八愷，使主后土，以揆百事，莫不時序，地平天成。舉八元，使布五敎于四方，父義、母慈、兄友、弟共、子孝，內平外成。昔帝鴻氏有不才子，掩義隱賊，好行凶德，醜類惡物，頑嚚不友，是與比周，天下之民謂之渾敦。少皞氏有不才子，毀信廢忠，崇飾惡言，靖譖庸回，服讒蒐慝，以誣盛德，天下之民謂之窮奇。顓頊氏有不才子，不可教訓，不知話言，告之則頑，舍之則嚚，傲很明德，以亂天常，天下之民謂之檮杌。此三族也，世濟其凶，增其惡名，以至于堯，堯不能去。縉雲氏有不才子，貪于飲食，冒于貨賄，侵欲崇侈，不可盈厭，聚斂積實，不知紀極，不分孤寡，不憐窮匱，天下之民以比三凶，謂之饕餮。舜臣堯，賓于四門，流四凶族，渾敦、窮奇、檮杌、饕餮投諸四裔，以禦螭魅。是以堯崩而天下如一，同心戴舜，以爲天子，以其舉十六相、去四凶也。故虞書數舜之功曰『愼徽五典，五典克從』，無違敎也。曰『納于百揆，百揆時序』，無廢事也。曰『賓于四門，四門穆穆』，無凶人也。舜有大功二十而爲天子。今行父雖未獲一吉人，去一凶矣，於舜之功，二十之一也，庶幾免於戾乎！」（註一一）

左傳將呂公父子之惡化關係敍述清楚，是以知太子僕弒季公之原因。至於經過敍述二書大致相同，左傳多季文子命司冠出諸境等語。兩書所記僕之罪時同用：「毀」、「賊」、「掩」、「藏」、「竊」、「姦」、等字。其中稍有不同，但重要意義已包入。左傳多出季文子一段很長之議論，談事君之禮，幷詳舉舜助堯治天下時，如何用善人及去惡人，所以天下承平而做到天子。在這段記述中；尚可得到上古史的材料，是附帶的結果。

國語魯語云：

魯饑，臧文仲言於莊公曰：「夫爲四鄰之援，結諸侯之信，重之以婚姻，申之以盟誓，固國之艱急是爲。鑄名器，藏寶財，固民之殄病是待。今國病矣，君盍以名器請糴于齊！」公曰：「誰使？」對曰：「國有饑饉，卿出告糴，古之制也。辰也備卿，辰請如齊。」公使往。

從者曰：「君不命吾子，吾子請之，其爲選事乎？」文仲曰：「賢者急病而讓夷，居官者當事不避難，在位者恤民之患，是以國家無違。今我不如齊，非急病也。在上不恤下，居官而惰，非事君也。」

文仲以鬯圭與玉磬如齊告糴，曰：「天災流行，戾于弊邑，饑饉荐降，民羸幾卒，大懼乏周公、太公之命祀，職貢業事之不共而獲戾。不腆先君之弊器，敢告滯積，以紓執事；以救弊邑，使能共職。豈唯寡君與二三臣實受君賜，其周公、太公及百辟神祇實永饗而賴之！」齊人歸其玉而予之糴。（註一二）

左傳莊公二十八年云：

多饑，臧孫辰告糴于齊，禮也。（註一三）

魯國飢荒時，魯卿臧文仲請向齊國求助，國語將臧文仲向魯君建議及說齊君之說詞全部記載，左傳則全無，但卻多出「禮也。」之論斷。於此吾人知國語爲讚揚臧文仲之見識能力與能盡其職守，而左傳純爲國家互助之立場評論。進一步說，如果有國語之說明，則更可以將禮意義解釋清楚。

國語晉語云：

二十六年，獻公卒。里克將殺奚齊，先告荀息曰：「三公子之徒將殺孺子，子將如何？」荀息曰：「死吾君而殺其孤，吾有死而已，吾蔑從之矣！」里克曰：「子死，孺子立，不亦可乎？子死，孺子廢，焉用死？」荀息曰：「昔君問臣事君於我，我對以忠貞。君曰：『何謂也？』我對曰：『可以利公室，力有所能，無不爲，忠也。葬死者，養生者，死人復生不悔，生人不媿，貞也。』吾言既往矣，豈能欲行吾言而又愛吾身乎？雖死，焉避之？」

里克告丕鄭曰：「三公子之徒將殺孺子，子將何如？」丕鄭曰：「荀息謂何？」對曰：「荀息曰『死之。』」丕鄭曰：「子勉之。夫二國士之所圖，無不遂也。我爲子行之。子帥七輿大夫以待我。我使狄以動之，援秦以搖之。立其薄者可以得重賂，厚者可使無入。國，誰之國也！」里克曰：「不可。克聞之，夫義者，利之足也；貪者，怨之本也，廢義則利不立，厚貪則怨生。夫孺子豈獲罪於民？將以驪姬之惑蠱君而誣國人，讒群公子而奪之利，使君迷亂，信而亡之，殺無罪以爲諸侯笑，使百姓莫不有藏惡於其心中，恐其如壅大川，潰而不可救禦也。是故將殺奚齊而立公子之在外者，以定民弭憂，於諸侯且爲援，庶幾曰諸侯義而撫之，百姓欣而奉之，國可以固。今殺君而賴其富，貪且反義。貪則民怨，反義則富不爲賴。賴富而民怨，亂國而身殆，懼爲諸侯載，不可常也。」丕鄭許諾。於是殺奚齊、卓子及驪姬，而請君于。

既殺奚齊，荀息將死之。人曰：「不如立其弟而輔之。」荀息立卓子。里克又殺卓子，荀息死之。君子曰：「不食其言矣。」（註一四）

左傳僖公九年云：

僖公九年秋九月，晉獻公卒。里克、平鄭欲納文公，故以三公子之徒作亂。初，獻公使荀息傅奚齊。公疾，召之，曰：「以是藐諸孤，辱在大夫，其若之何？」稽首而對曰：「臣竭其股肱之力，加之以忠貞。其濟，君之靈也，不濟，則以死繼之。」公曰：何謂忠貞？」對曰：「公家之利，知無不爲，忠也；送往事居，耦俱無猜，貞也。」及里克將殺奚齊，先告荀息：「三怨將作，秦、晉輔之，子將何如？」荀息曰：「將死之。」里克曰：「無益也。」荀叔曰：「吾與先君言矣，不可以貳，能欲復言而愛身乎？雖無益也，將焉辟之？且人之欲善，誰不如我？我欲無貳，而能謂人已乎？」多十月，里克殺奚齊于次，書曰「殺其君之子」，未葬也。荀息將死之，人曰：「不如立卓子而輔之。」荀息立公子卓以葬。十一月，里克殺公子卓于朝，荀息死之。君子曰：「詩所謂『白圭之玷，尙可磨也；斯言之玷，不可爲也』，荀息有焉。」（註一五）

晉獻公死後，晉大臣里克弑其嗣君奚齊及卓子之經過，吾人比較左傳國語兩書：㈠國語未將荀息之身份說明，而左傳補述「初獻公使荀息傅奚齊」，由此可知荀息爲何以死維護奚齊及卓子之原因。㈡左傳將獻公對荀代托孤及荀氏發願爲忠貞而死之態度，用對話方式記出，而國語在荀氏在答里克話時始說明，在讀者感覺上有乏力之感，同時不見有托孤之事，再解釋忠與貞之意義，不如左傳鏗鏘有力。㈢左傳詳細記載荀息殉難之經過，同時也記述卓子的情形，是表示荀息之極盡其力。而國語先記敍奚齊卓子及驪姬之事在前，復又託立卓子在後，顯示國語在史料上未經鎔鑄也。㈣國語多里克與丕鄭之對話，尤其里克不允丕鄭建議，爲私利立弱者爲晉君之意見，是里克謀國之忠。蓋左傳認爲弒君終爲罪惡，其心雖屬良善，終不可取。㈤左傳增加「書曰殺其君之子，未葬也」是爲左傳解釋春秋經文，亦兩書基本精神之不同處。㈥二書相同者有君子曰，說法雖異，然其意相同，全爲讚揚荀息之忠貞，而左傳文字典雅意深，是作者經深思之結果也。

左傳中記載說服式之文章非常多，與國語比較有四類：一類是國語所無者，此種無，是國語根本無此事之記載。吾人所知，國語所記之事，少語左傳者甚多，如魯僖公三十年，秦與晉國合圍鄭國，燭之武說服秦穆公一國退兵，晉也就隨後退兵，因此解鄭之圍。這篇說詞精闢而具說服力，但國語根本未記晉秦圍鄭之事，是以無斯文，亦無從比較。另如魯襄公二十四年，晉國范宣子當政，向各國歛財，鄭國子產以被壓迫之地位，說服他減輕各國財幣，亦是有名的說詞，國語亦無此事，所以也無法比較。其他同樣的情形甚多，無法一一列舉。第二類是左傳國語同記一事，而左傳不記說詞者。第三類左傳國語同記一事，左傳將國語節省者，此二兩類已在前兩節中討論，不再多述。第四類指左傳，國語同記一事，而左傳將說詞增加者。左傳作者，所以如此重視之原因，可分兩方面解說：一方面是因爲所列之事，有相當的重要性，如吾人所列者，一爲齊桓公成霸前的一次失敗戰爭，一爲楚臣伍舉被迫逃亡，又能返國事，因伍氏返楚後，又遭楚難，造成其子伍員奔吳，致日後吳人侵楚事件。其二事，一爲弱國依其法而戰勝强國，一爲已決定之事件，而將之翻案，其說詞當甚精闢，是以左傳之作者著力描寫。

一本書定有其中心思想，前文中已說明左傳所注意者爲霸主之戰爭盟會及國家之興亡，另所注意者爲封建制度之維持。此制度之基本精神是天子諸侯卿大夫庶人各守其分，不能混亂，更不能反上。到東周以後，周天子力量減弱，不能維持此制度，乃由霸主以强者身份，代替周天子來維持。實際上已經變質，霸主借機會兼併土地，要求諸侯向他納貢，以飽其私慾。霸主之大夫亦借此弄權，擴大其勢力，小國則仰鼻息於這些權臣。其他稍有力量的國家，無不盡量設法擴充其力量，做奪人土地的工作。所以造成整個春秋時代的擾攘不安，許多人遂懷念過去安定的社會。左傳作者在這種心理狀態下作此書，所以對封建制度是讚美的，也强調的，因此將富展解說封建制度之說詞詳爲記載。

左傳之作者對於禮非常重視，講解禮時，多加記載，如記劉康公評論成子不重視禮事：季文子遵照其父臧文仲之敎導，事君以禮，所以驅逐莒太子僕出境。在魯文公查訊時，季文子舉出禮做他驅逐莒太子之根據，并引申舜事堯如何舉八元八愷十六族，使天下「內平外成」，幷去四凶，所以天下沒有頑凶之人，這些也都是國語所未記載者。左傳除敍述事實外，若尙嫌不足或不夠明顯淸楚時，常於事後，特別加以解說。如讚揚臧文仲向齊求助飢荒爲「禮也」，是說明臧氏能夠盡到了一個卿大夫的責任。

左傳多「曰」，是左傳解釋春秋之語句也。照禮講，老國君死後，必待安葬之後，新君始算正式卽位。當晉獻公尙未下葬，奚齊尙不足以稱君，所以只稱他「君之子」。這就是通常所說的微言大義。微言大義的範圍相當廣，解釋的事也相當多。所以左傳中常看到這種記載方式。國語因不解經，故無此種記載形式。「君子曰」是左傳作者借他人之言論，以强調個人之觀點。國語亦有「君子曰」之記載，但不如左傳之多。二者同時有的情況下，左傳每增加其語句與言詞，以强調其意義。後世司馬遷仿效，創「太史公曰」式之論贊，變成我國史書中之特殊形式。

【註釋】

註一　歷史論集　社會與個人　二九頁　民國五十七年　幼獅

註二　國語　卷四　魯語上　一五九－六〇頁　民國六十九年　里仁

註三　左傳　僖公　二十六年　四三九－四〇頁　民國七十一年　源流

註四　國語　卷七　楚語上　五三四－四〇頁

註　五　左傳　襄公　二十六年　一一一九—二三頁

註　六　國語　卷二　周語中　四五

註　七　左傳　僖公　二十四年　四一九—二五頁

註　八　國語　卷二　周語中　七九頁

註　九　左傳　成公　十三年　八六〇—一頁

註一〇　國語　卷四　魯語上　一七六頁

註一一　左傳　文公　十八年　六三三—四二頁

註一二　國語　卷四　魯語上　一五七—8

註一三　左傳　莊公　二十八年　二四二頁

註一四　國語　卷八　晉語二　三〇二—五頁

註一五　左傳　僖公　九年　三二八—九頁

五、論左傳記載能說明歷史事件之前後原委，而國語記載所不能者

梁啟超云：「則凡人類活動，在空際含孤立性，在時際含偶然性斷滅性者，皆非史之範圍，其在空際有周徧性，在時際有連續性者，乃史之範圍也。」（註一）卡爾云：「一切事物都有原因，其中大部份可以確定的，因此在人心裏能確立一個古今前後連貫的圖案，作爲人動作的嚮導。」（註二）在此吾人特別注視者爲「有連續性」「因果關係」「古今前後連貫的圖案」，所以歷史家必須將一件事的原始原因及演變過程一絲不漏的尋出，幷將之書寫出來，這是歷史事件縱的連貫。

梁氏又云：「則史也者，人類全體或其大多數之共業所構成，故其性非單獨的，而社會的也。」（註三）卡爾云：「歷史一詞該是用指研究人在社會裏的過去整個過程。」（註四）「歷史絕大部份是無數人的問題。」（註五）他們所指的社會，一種是廣大的人群，一是少數人的團體，在此地吾人所採用者，爲少數人的團體，就是歷史記載必須記述當時社會相關的人，這是橫的連繫歷史事件，

本節依以上所說，將國語與左傳同記一事，作比較之說明。

國語魯語云：

季武子爲三軍，叔孫穆子曰：「不可。天子作師，公帥之，以征不德。元侯作師，卿帥之，以承天子。諸侯有卿無軍，帥教衞以贊元侯。自伯、子、男有大夫無卿，帥賦以從諸侯。是以上能征下，下無姦慝。今我小侯也，處大國之間，繕貢賦以共從者，猶懼有討。若爲元侯之所，以怒大國，無乃不可乎？」弗從。遂作中軍。自是齊、楚代討於魯，襄、昭皆如楚。（註六）

左傳襄公十一年云：

襄公十一年春，季武子將作三軍，告叔孫穆子曰：「請爲三軍，各征其軍。」穆子曰：「政將及子，子必不能。」武子固請之。穆子曰：「然則盟諸？」乃盟諸僖閎，詛諸五父之衢。正月，作三軍，三分公室，而各有其一，三子各毀其乘。季氏使其乘之人以其役邑入者無征，不入者倍征；孟氏使半爲臣若子若弟；叔孫氏使盡爲臣，不然不舍。（註七）

爲魯建三軍事，二書所記不同。國語記爲穆子持反對意見，左傳則記雖反對，終亦同意，並記載建軍分配方式。從建軍事言，左傳較爲完整，從史著言，則左傳亦完備。國語記「自是齊楚代討於魯，襄昭皆如楚。」各事皆甚曲折，左傳有記載，不作深論。

國語周語云：

惠王三年，邊伯、石速、苗國出王而立子頽。王處於鄭三年。王子頽飲三大夫酒，子國爲客，樂及徧儛。鄭厲公見虢叔，曰「吾聞之，司寇行戮，君爲之不擧，而況敢樂禍乎！今吾聞子頽歌舞不息，樂禍也。夫出王而代其位，禍孰大焉！臨禍忘憂，是謂樂禍。禍必及之，盍納王乎？」虢叔許諾。鄭伯將王自圉門入，虢叔自北門入，殺子頽及三大夫，王乃入也。（註八）

左傳莊公十九年云：

莊公十九年初，王姚嬖于莊王，生子頽。子頽有寵，苗國爲之師，及惠王卽位，取蔿國之圃以爲囿。邊伯之宮近於王宮，王取之，王奪子禽，祝跪與詹父田，而收膳夫之秩，故蔿國邊伯，石速，詹父，子禽，祝跪作亂，因蘇氏。

秋，五大夫奉子頽以伐王，不克，出奔溫，蘇子奉子頽以奔衞，衞師燕師伐周。（註九）

魯莊公十九年，因周莊王愛妾生子頽，甚得寵愛，遂能謀篡王位。另惠王與五大夫結怨，又加衞、燕兩國之援助，於是王子頽得立爲王。後由鄭厲公之協助，殺王子頽，惠王始復位。吾人讀左傳文中歷年記載，可知其原委。反觀國語，事情經過記載不全，左傳記五大夫，國語記三大夫，無他佐證。張以仁教授於「論國語與左傳關係」一文中，將其列於「時間有差誤中」。即國語記惠王居於鄭與王子頹樂及徧儛爲三年，而左傳爲一年。這些吾人皆無法考證，不作深論。重要者，國語未將惠王種惡之原因記出，亦未記王子頹曾經失敗。重心在記鄭厲公批評王子頹之「樂及徧舞。」而促使厲公勤王。此節左傳亦有記載，在整篇中之比例不如國語之比例大。全同詞句有「司寇行戮，君爲之不擧，而況敢樂禍乎？」有左傳較國語省字者，國語「夫出王而代其位」，左傳「奸王之位」，意全同也。左傳所增爲加重其意義者。

國語周語云：

王德狄人，將以其女爲后，富辰諫曰：「不可。夫婚姻，禍福之階也。由之利內則福，利外則取禍。今王外利矣，其無乃階禍乎？昔摯、疇之國也由大任，杞、繒由大姒，齊、許、申、呂由大姜，陳由大姬，是皆能內利親親者也。昔鄢之亡也由仲任，密須由伯姞，鄶由叔妘，聃由鄭姬，息由陳嬀，鄧由楚曼，羅由季姬，盧由荆嬀，是皆外利離親者也。」

王曰：「利何如而內，何如而外？」對曰：「尊貴、明賢、庸勳、長老、愛親、禮新、親舊。然則民莫不審固其心力以役上令，官不易方，而財不匱竭，求無不至，動無不濟。百姓兆民，夫人奉利而歸諸上，是利之內也。若七德離判，民乃攜貳，各以利退，上求不暨，是其外利也。夫狄無列於王室，鄭伯南也，王而卑之，是不尊貴也。狄，材狼之德也，鄭未失周典，王而蔑之，是不明賢也。平、桓、莊、惠皆受鄭勞，王而棄之，是不庸勳也。鄭伯捷之齒長矣，王而弱之，是不長老也。狄，隗姓也，鄭出自宣王，王而虐之，是不愛親也。夫禮，新不閒舊，王以狄女閒姜、任，非禮且棄舊也。王一舉而棄七德，臣故曰利外矣。書有之曰：『必有忍也，若能有濟也。』王不忍小忿而棄鄭，又登叔隗以階狄。狄，封豕豺狼也，不可猒也。」王不聽。十八年，王黜狄后。狄人來誅殺譚伯。富辰曰：「昔吾驟諫王，王弗從，以及此難。若我不出，王其以我爲懟乎！」乃以其屬死之。（註一〇）

左傳僖公二十四年云：

夏狄伐鄭，取櫟。王德狄人，將以其女爲后。富辰諫之：「不可，臣聞之曰：『報者倦矣，施者未厭。』狄固貪惏，王又啟之。女德無極，婦怨無終，狄必爲患。」王又弗聽。

初，甘昭公有寵於惠后，惠后將立之，未及而卒。昭公奔齊，王復之。又通於隗氏，王替隗氏。頹叔、桃子曰：「我實使狄，狄其怨我。」遂奉太叔以狄師攻王。王御士將禦之，王曰：「先后其謂我何？寧使諸侯圖之。」王遂出，及坎欿，國人納之。秋，頹叔、桃子奉太叔以狄師伐周，大敗周師，獲周公忌父、原伯、毛伯、富辰。王出適鄭，處於氾。太叔以隗氏居於溫。（註一一）

一、吾人見國語記富辰諫襄王將以狄女爲后事，詞句多於左傳。觀國語於以狄女爲后事特別强調，左傳僅在狄人貪婪之性發論，文字仍將之簡省。

二、國語敍狄人侵周之經過簡單，左傳將之曲折敍述，是左傳重視歷史事實。此爲左傳在我國古代史著中非常特出選擇，使其在史學史中佔有崇高地位。

三、吾人可做一推測，國語之目的只在保存史料，爲使後人識別起見，於文章頭尾加以簡單之說詞，並未對一事作全部有系統之說詞。

吾人讀晉語武公伐翼，僅瞭解欒共子侍哀侯以忠，但不知與晉國有何關係，進一步將左傳各年中，關於此事之記載相比較，則可知欒共子被俘爲魯桓公三年事。是較國語重視時間，時間是歷史要素之一，而國語竟無之。考國語對各事之排列，多依時間先後，其中亦夾有年者，但全文開始就無時間的說明，確實是史書之病。其次左傳未說明欒共子其生死，亦未記其對話，知左傳對欒氏之個人及其死，不甚重視。

國語晉語云：

武公伐翼，殺哀候，止欒共子曰：「苟無死，吾以子見天子，令子爲上卿，制晉國之政。」辭曰：「成聞之：『民生於三，事之如一。』父生之，師教之，君食之。非父不生，非食不長，非教不知生之族也，故壹事之。唯其所在，則致死焉。報生以死，報賜以力，人之道也。臣敢以私刑廢人之道，君何以訓矣？且君知成之從也，未知其待於曲沃也。從君而貳，君焉用之？」遂鬬而死。（註一二）

再吾人於國語中無法知武公爲何人，武公爲何攻翼，而左傳補述春秋時代以前晉國事，晉穆公夫人姜氏生太子名仇，次子名書城。魯惠公二十四年封桓叔（據史記晉世家知爲師成）於曲沃，魯惠公三十年，晉大臣潘父殺昭候（據史記世家知爲仇之子）納桓叔未成；晉人立孝候，（據晉世家，孝候八年，曲沃桓叔卒，子鮑代桓叔，是爲曲沃莊伯。）魯惠公四十五年，曲沃莊伯伐翼（晉首都），弑孝候，翼人立其弟鄂候，鄂候生哀候。魯隱公五年，莊伯伐翼，虢公受周王命立哀候，魯桓公二年，哀候侵陘庭，引起次年曲沃武公伐翼之事。

從左傳記載中，可以將晉國早期合分之經過得一大概之瞭解，其中有許多關係及史事，須借史記晉世家補充始可清楚，但仍較國語所記者多矣。

左傳桓公二年云：

初，晉穆候之夫人姜氏以條之役生大子，命之曰仇；其弟以千畝之戰生，命之曰成師。

師服曰：「異哉，君之名子也！夫名以制義，義以出禮，禮以體政，政以正民；是以政成而民聽。易則生亂。嘉耦曰妃，怨耦曰仇，古之命也。今君命大子曰仇，弟曰成師，始兆亂矣。兄其替乎！」惠之二十四年，晉始亂，故封桓叔于曲沃，靖侯之孫欒賓傅之。師服曰：「吾聞國家之立也，本大而末小，是以能固。故天子建國，諸侯立家，卿置側室，大夫有貳宗，士有隸子弟，庶人、工、商、各有分親，皆有等衰；是以民服事其上，而下無覬覦。今晉，甸侯也，而建國，本既弱矣，其能久乎？」惠之三十年，晉潘父弒昭侯而納桓叔，不克，晉人立孝侯。惠之四十五年，曲沃莊伯伐翼，弒孝侯，翼人立其弟鄂侯。鄂侯生哀侯。哀侯侵陘庭之田；陘庭，南鄙，啟曲沃伐翼。

（註一三）

繼續左傳魯桓公七、八、九、莊公十六、十八年記載，則知曲沃之莊伯滅翼及僭位晉國之經過，特別說明周天子受賄允許莊伯列爲諸侯：

左傳桓公七年云：

桓公七年冬，曲沃伯誘晉小子侯殺之。（註一四）

桓公八年春，滅翼。（註一五）

桓公八年冬，王命虢仲立晉哀侯之弟緡於晉。（註一六）

桓公九年秋，虢仲、芮伯、梁伯、荀侯、賈伯伐曲沃。（註一七）

莊公十六年冬，王使虢公命曲沃伯以一軍爲晉侯。（註一八）

十八年春，虢公、晉侯朝王，王饗醴，命之宥，皆賜玉五穀、馬三匹，非禮也。王命諸侯，名位不同，禮亦異數，不以禮假人。（註一九）

國語周語云：

溫之會，晉人執衞成公歸之于周。晉侯請殺之，王曰：「不可。夫政自上下者也，上作政，而下行之不逆，故上下無怨。今叔父作政而不行，無乃不可乎？夫君臣無獄，今元咺雖直，不可聽也。君臣皆獄，父子將獄，是無上下也。而叔父聽之，一逆矣。又爲臣殺其君，其安庸刑？布刑而不庸，再逆矣。一合諸侯，而有再逆政，余懼其無後。不然，余何私於衞侯？」晉人乃歸衞侯。（註二〇）

溫之會，晉人執衞成公歸之于周，使醫鴆之，不死，醫亦不誅。臧文仲言於僖公曰：「夫衞君殆無罪矣。刑五而已，無有隱者，隱乃諱也。大刑用甲兵，其次用斧鉞，中刑用刀鋸，其次用鑽笮，薄刑用鞭扑，以威民也。故大者陳之原野，小者致之市朝，五刑三次，是無隱也。今晉人鴆衞侯不死，亦不討其使者，諱而惡殺之也。有諸侯之請，必免之。臣聞之：班相恤也，故能有親。夫諸侯之患，諸侯恤之，所以訓民也。君盍請衞君以示親於諸侯，且以敎晉？夫晉新得諸侯，使亦曰：『魯不棄其親，其亦不可以惡。』」公說，行玉二十瑴，乃免衞侯。（註二一）

左傳僖公二十八年云：

二十八年春，晉侯將伐曹，假道於衞，衞人弗許，還自南河濟，侵曹，伐衞。正月戊申，取五鹿。二月，晉郤縠卒，原軫將中軍，胥臣佐下軍，上德也。晉侯齊侯盟于斂盂，衞侯請盟，晉人不許。衞侯欲與楚，國人不欲，故出其君以說于晉，衞侯出居于襄牛。衞侯聞楚師敗，懼，出奔楚，遂適陳，使元咺奉叔武以受盟。癸亥，王子虎盟諸侯于王庭，要言曰：「皆王室，無相害也。有渝此盟，明神殛之。俾隊其師，無克祚國。及其玄孫，無有老幼。」君子謂是盟也信，謂晉於是役也，能以德攻。

或訴元咺於衞侯曰：「立叔武矣！」其子角從公，公使殺之。咺不廢命，奉夷叔以入守。六月，晉人復衞侯，甯武子與衞人盟于宛濮，曰：「天禍衞國，君臣不協，以及此憂也。今天誘其衷，皆使降心以相從也。不有居者，誰守社稷？不有行者，誰扞牧圉？不協之故，用昭乞盟于爾大神，以誘天衷。自今日以往，既盟之後，行者無保其力，居者無懼其罪；有渝此盟，以相及也。明神先君，是糾是殛。」國人聞此盟也，而後不貳，衞侯先期入，甯子先，長牂守門，以爲使也，與之乘而入。公子歂犬，華仲前驅，叔武將沐，聞君至，喜。捉髮走出，前驅射而殺之，公知其無罪也，枕其股而哭之。歂犬走出，公使殺之，元咺出奔晉。衞侯與元咺訟，甯武子爲輔，鍼莊子爲坐，士榮爲大士。衞侯不勝，殺士榮，刖鍼莊子，謂甯俞忠而免之，執衞侯歸之于京師，寘諸深室，甯子職納橐饘焉。元咺歸于衞，立公子瑕。（註二二）

左傳僖公三十年云：

晉侯使醫衍酖衞侯，甯俞貨醫使薄其酖，不死。公爲之請，納玉於王與晉侯，皆十瑴，王許之，乃釋衞侯。衞侯使賂周歂，冶廑曰：「苟能納我，吾使爾爲卿。」周冶殺元咺及子適子儀。公入祀先君；周、冶既服，將命，周歂先入，及門，遇疾而死，冶廑辭卿。（註二三）

一、國語未能將溫之會目的寫出。

二、國語未將晉文公執衞成公之原因及經過說明，各人關係亦未敍述清楚。若僅讀國語，吾人不知此對衞國有何關係？周襄王對晉文公所說意義何在？臧文仲言魯僖公亦不甚了了。

三、國語記「使臣鴆之，不死。」而左傳記「寧俞貨醫使薄其鴆，不死。」是寧俞收買醫生將鴆液沖淡，使衞侯不死，左傳所記則較合理。

四、國語記「行玉二十瑴」左傳記「納玉於王與晉侯，皆十瑴。」左傳較淸楚明確。

五、左傳將全事以衞國爲重心，所以將審判之經過，衞成公復國，皆有記載。國語以周爲中心，記襄王之說詞。魯語爲讚揚臧文仲個人之見識。此段說詞左傳不錄之原因，成公之鴆不死，完全由醫生受賄，臧氏之所言，爲不實之論，是以不採用。

國語周語云：

惠王十五年，有神降於莘，王問於內史過，曰：「是何故？固有之乎？」對曰：「有之。國之將興，其君齊明、衷正、精潔、惠和，其德足以昭其馨香，其惠足以同其民人。神饗而民聽，民神無怨故明神降之，觀其政德而均布福焉。國之將亡，其君貪冒、辟邪、淫佚、荒怠、麤穢、暴虐；其政腥臊，馨香不登，其刑矯誣，百姓攜貳。明神不蠲而民有遠志，民神怨痛，無所依懷，故神亦往焉，觀其苛慝而降之禍。是以或見神以興，亦或以亡。昔夏之興也，融降于崇山；其亡也，回祿信於聆隧。商之興也，檮杌次於丕山；其亡也，夷羊在牧。周之興也，鸑鷟鳴於岐山；其衰也，杜伯射王於鄗。是皆明神之志者也。」

王曰：「今是何神也？」對曰：「昔昭王娶於房，曰房后，實有爽德，協於丹朱，丹朱憑身以儀之，生穆王焉。是實臨照周之子孫而禍福之。夫神壹不遠徙遷，若由是觀之，其丹朱之神乎？」王曰：「其誰受之？」對曰：「在虢土。」王曰：「然則何爲？」對曰：「臣聞之：道而得神，是謂逢福；淫而得神，是謂貪禍。今虢少荒，其亡乎？」王曰：「吾其若之何？」對曰：「使太宰以祝、史帥狸姓，奉犧牲、粢盛、玉帛往獻焉，無有祈也。」

王曰：「虢其幾何？」對曰：「昔堯臨民以五，今其冑見，神之見也，不過其物。若由是觀之，不過五年。」王使太宰忌父帥傅氏及祝、史奉犧牲、玉鬯往獻焉。內史過從至虢，虢公亦使祝、史請土焉。內史過歸，以告王曰：「虢必亡矣，不禋於神而求福焉，神必禍之；不親於民而求用焉，人必違之。精意以享，禋也；慈保庶民，親也。今虢公動匱百姓以逞其違，離民怒神而求利焉，不亦難乎！」十九年，晉取虢。（註二四）

國語晉語云：

虢公夢在廟，有神人面白毛虎爪，執鉞立於西阿，公懼而走。神曰：「無走！帝命曰：『使晉襲於爾門。』」公拜稽首，覺，召史嚚占之，對曰：「如君之言，則蓐收也，天之刑神也，天事官成。」公使囚之，且使國人賀夢。舟之僑告諸其族曰：「衆謂虢亡不久，吾乃今知之。君不度而賀大國之襲，於己也何瘳？吾聞之曰：『大國道，小國襲焉曰服。小國傲，大國襲焉曰誅。』民疾君之侈也，是以遂於逆命。今嘉其夢侈必展，是天奪之鑒而益其疾也。民疾其態，天又誑之；大國來誅，出令而逆；宗國既卑，諸侯遠己。內外無親，其誰云救之？吾不忍俟也！」將行，以其族適晉。六年，虢乃亡。

伐虢之役，師出於虞。宮之奇諫而不聽，出，謂其子曰：「虞將亡矣！唯忠信者能留外寇而不害。除闇以應外謂之忠，定身以行事謂之信。今君施其所惡於人，闇不除矣，以賄滅親，身不定矣。夫國非忠不立，非信不固。既不忠信，而留外寇，寇如其釁而歸圖焉。已自拔其本矣，何以能久？吾不去，懼及焉。」以其孥適西山，三月，虞乃亡。

獻公問於卜偃曰：「攻虢何月也？」對曰：「童謠有之曰：『丙之晨，龍尾伏辰，均服振振，取虢之旂。鶉之賁賁，天策焞焞，火中成軍，虢公其奔！』火中而旦，其九月十月之交乎？」（註二五）

左傳桓公十年云：

桓公十年春，虢仲譖其大夫詹父於王。詹父有辭，以王師伐虢。夏，虢公出奔虞。初，虞叔有玉，虞公求旃，弗獻。既而悔之，曰：「周諺有之：『匹夫無罪，懷璧其罪。』吾焉用此，其以賈害也？」乃獻之。又求其寶劍，叔曰：「是無厭也。無厭，將及我。」遂伐虞公，故虞公出奔共池。（註二六）

左傳莊公二十六年云：

莊公二十六年秋，虢人侵晉。冬，虢人又侵晉。（註二七）

左傳莊公二十七年云：

莊公二十七年冬，晉侯將伐虢。士蔿曰：「不可。虢公驕，若驟得勝於我，必棄其民。無衆而後伐之，欲禦我，誰與？夫禮樂、慈愛，戰所畜也。夫民，讓事，樂和，愛親，哀喪，而後可用也。虢弗畜也。亟戰將饑。」（註二八）

左傳莊公三十二年云：

莊公三十二年秋七月，有神降于莘。惠王問諸內史過曰：「是何故也？」對曰：「國之將興，明神降之，監其德也；將亡，神又降之，觀其惡也，故有得以神興，亦有以亡。虞、夏、商、周皆有之。」王曰：「若之何？」對曰：「以其物享焉。其至之日，亦其物也。」王從之。內史過往，聞虢請命，反曰：「虢必亡矣。虐而聽於神。」神居莘。六月，虢公使祝應、宗區、史嚚享焉，神賜之土田。史嚚曰：「虢其亡乎！吾聞之：『國將興，聽於民，將亡，聽於神。』神，聰明正直而壹者也，依人而行。虢多涼德，其何土之能得？」（註二九）

左傳僖公二年云：

僖公二年，晉荀息請以屈產之乘與垂棘之璧，假道於虞以伐虢。公曰：「是吾寶也。」對曰：「若得道於虞，猶外府也。」公曰：「宮之奇存焉。」對曰：「宮之奇之爲人懦而不能强諫；且少長於君，君暱之，雖諫，將不聽。」乃使荀息假道於虞曰：「冀爲不道，入自顛軨，伐鄍三門。冀之既病，則亦惟君故。今虢爲不道，保於逆旅，以侵敝邑之南鄙，敢請假道，以請罪于虢。」虞公許之，且請先伐虢。宮之奇諫，不聽。遂起師。夏，晉里克、荀息帥師會虞師伐虢，滅下陽。先書「虞」，賄故也。（註三〇）

左傳僖公五年云：

五年秋，晉侯復假道於虞，以伐虢。宮之奇諫曰：「虢，虞之表也；虢亡，虞必從之。晉不可啟，寇不可翫。一之爲甚，其可再乎？諺所謂『輔車相依，脣亡齒寒』者，其虞、虢之謂也。」公曰：「晉，吾宗也，豈害我哉？」對曰：「大伯、虞仲，大王之昭也；大伯不從，是以不嗣。虢仲、虢叔，王季之穆也；爲文王卿士，勳在王室，藏之盟府。將虢是滅，何愛於虞？且虞能親於桓、莊乎？其愛之也？桓、莊之族何罪？而以爲戮，不惟偪乎！親以寵偪，猶尚害之，況以國乎？」公曰：「吾享祀豐潔，神必據我。」對曰：「臣聞之：『鬼神非人實親，惟德是依。』故周書曰：『皇天無親，惟德是輔。』又曰：『黍稷非馨，明德惟馨。』又曰：『民不易物，惟德繄物。』如是，則非德，民不和，神不享矣。神所馮依，將在德矣。若晉取虞，而明德以薦馨香，神其吐之乎？」勿聽，許晉使。宮之奇以其族行，曰：「虞不臘矣，在此行也，晉不更舉矣。」

八月甲午，晉侯圍上陽，問於卜偃曰：「吾其濟乎？」對曰：「克之。」公曰：「何時？」對曰：「童謠云：『丙之晨，龍尾伏辰，均服振振，取虢之旂。鶉之賁賁，天策焞焞，火中成軍，虢公其奔。』其九月、十月之交乎！丙子旦，日在尾，月在策，鶉火中，必是時也。」冬十二月丙子朔，晉滅虢，虢公醜奔京師。師還，館于虞，遂襲虞，滅之。執虞公及其大夫井伯，以媵秦穆姬，而脩虞祀，且歸其職貢於王。故書曰「晉人執虞公」，罪虞，且言易也。（註三一）

晉滅虞虢二國事之經過，國語列於晉語二，關於周內史過之論虢國亡國之理由，則列於周語上。吾人觀晉語所記爲虢公夢神開始，繼則史嚚勸其應遵神所示之論。再則舟子橋從國情分析虢國必亡之理，補之以周語太史過答周惠王神降於莘之原因。另節之重心爲宮子奇諫虞君不能假道予晉伐虢之理由。最後，爲卜偃答晉獻公伐虢時間之讖語。試觀左傳，列有魯桓公十年虢公遭周天子討伐奔虞，莊公二十六年，不量力，兩次侵犯晉國，引起晉報復之動機。莊公二十七年，晉臣士蔿建議晉侯如何縱容虢公，使其驕而棄民。關於神降於莘事，左傳記於魯莊公三十二年，國語記於周惠王十五年，時間吻合。從史料價值說，有同等之重要。從內容言，文意全同，僅左傳將之簡化。繼看左傳比國語多者二：僖公二年，晉荀息請以屈產之乘與垂棘之璧，假道於虞以伐虢。其次，五年秋，晉侯復假道於虞以伐虢，如此知一國家之滅亡，非一時一事。前者為晉國如何買通虞國以侵虢，後者特別記載宮子奇之諫詞。說出姬姓相殘之史事，兼併與競爭之激烈，已推翻周初立國諸侯親親之意。更注意「民不和，神不享矣，神所憑依，將在德矣。」此種天人合一與重人民之思想，意義眞實而有力。而國語記宮之奇於諫後不聽，與其子所論，則較空泛，當不及左傳中所記。其後國語所記，僅記晉獻公問卜偃攻虢之時間，卜偃告其童謠。而左傳中除記童謠外，更記滅虢與虞的時間，及事後之措理，可說左傳對滅虢虞二國整個過程相當完整的敍述。然左傳中亦有交待不清者，如魯桓公十年，虢公上奔，未見回國，而有莊公十年侵晉之事，虢公虞公未見是何公？亦不知其為何人？僖公二年秋，卜偃曰：「亡下陽不懼。」之下陽不知在何年。

另左傳中有「故書曰『晉人執虞公』，罪虞，且言易也。」是為解釋經語，國語無之是為應然。

國語魯語云：

襄公如楚，及漢，聞康王卒，欲還。叔仲昭伯曰：「君之來也，非為一人也，為其名與其衆也。今王死，其名未改，其衆未敗，何爲還？」諸大夫皆欲還。子服惠伯曰：「不知所爲，姑從君乎！」叔仲曰：「子之來也，非欲安身也，爲國家之利也，故不憚勤遠而聽於楚；非義楚也，畏其名與衆也。夫義人者，固慶其喜而弔其憂，況畏而服焉？聞畏而往，聞喪而還，苟芊姓實嗣，其誰代之任喪？王太子又長矣，執政未改，予爲先君全，死而去之，其誰曰不如先君？將爲喪舉，聞喪而還，其誰曰非侮也？事其君而任其政，其誰由己貳？求說其侮，而亟於前人，其讎不滋大乎？說侮不懦，執政不貳，帥大讎以憚小國，其誰云待之？若從君而走患，則不如違君以避難。且夫君子計成而後行，二三子計乎？有禦楚之術而有守國之備，則可也；若未有，不如往也。」乃遂行。（註三二）

左傳襄公二十八年云：

爲宋之盟故，公及宋公、陳侯、鄭伯、許男如楚。公過鄭，鄭伯不在，伯有廷勞於黃崖，不敬。穆叔曰：「伯有無戾於鄭，鄭必有大咎。敬，民之主也，而棄之何以承守？鄭人不討，必受其辜。濟澤之阿，行潦之蘋藻，寘諸宗室，季蘭尸之敬也。敬可棄乎？」及漢，楚康王卒，公欲反。叔仲昭伯曰：「我楚國之爲，豈爲一人行也？」子服惠伯：「君子有遠慮，小人從邇，飢寒之不恤，誰遑其後，不如姑歸也。」叔孫穆子曰：「

叔仲子專之矣，子服子始學者也。」榮成伯曰：「遠圖者忠也。」公遂行。宋向戌曰：「我一人之爲，非爲楚也。飢寒之不恤，誰能恤楚，姑歸而息民，待其立君而爲之備。」宋公遂反。（註三三）

魯襄公二十七年，晉楚所屬諸侯在宋盟會，各皆向晉楚兩盟主朝覲。魯襄公二十八年遵約前往朝楚，到後來，楚康王死，襄公欲反，叔仲昭伯子服惠伯二人持正反兩意之對話，二書所記不同者：

一、左傳記「爲宋之盟故」，是記原因也。

二、左傳將參加各國事悉記出，國語則僅記二人之對話，是左傳記春秋各國事，國語則以魯爲中心，僅記本國事。

三、左傳記鄭國伯有事，敘述以後伯有在鄭敗亡之原因。

四、左傳所記仲叔子服二人之對話數語簡省，重要之意思尚保存，是表示左傳作者經過思考提鍊。

五、左傳增宋向戌勸宋公返國，此事則行完備。於向戌話中，吾人可推斷當時各國對參加盟會及朝覲疲憊之情形。

國語晉語云：

文公誅觀狀以伐鄭，反其阻。鄭人以名寶行成，公弗許，曰：「予我詹而師還。」詹請往，鄭伯弗許，詹固請曰：「一臣可以赦百姓而定社稷，君何愛於臣也？」鄭人以詹予晉，晉人將烹之。詹曰：「臣願獲盡辭而死，固所願也。」公聽其辭。詹曰：「天降鄭禍，使淫觀狀，策禮違親。臣曰：『不可。夫晉公子賢明，其左右皆卿才，若復其國，而得志於諸侯，禍無赦矣。』今禍及矣。尊明勝患，智也。殺身贖國，忠也。」乃就烹，據鼎耳而疾號曰：「自今以往，知忠以事君者，與詹同。」乃命弗殺，厚為之禮而歸之。鄭人以詹伯為將軍。（註三四）

左傳僖公二十八年：

丁丑，諸侯圍許。晉侯有疾，曹伯之豎侯獳貨筮史，使曰以曹為解。「齊桓公為會而封異姓，今君為會而滅同姓。曹叔振鐸，文之昭也，先君唐叔，武之穆也。且合諸侯，而滅兄弟，非禮也；與衛偕命，而不與偕復，非信也；同罪異罰，非刑也。禮以行義，信以守禮，刑以正邪。舍此三者，君將若之何？」公說，復曹伯，遂會諸侯圍許。

晉侯作三行以禦狄，荀林父將中行，屠擊將右行，先蔑將左行。（註三五）

左傳僖公二十九年云：

二十九年夏，公會王子虎、晉狐偃、宋公孫固、齊國歸父、陳轅濤塗、秦小子憖盟於

翟泉，尋踐土之盟，且謀伐鄭也。卿不書，罪之也。在禮，卿不會公、侯，會伯、子男可也。（註三六）

左傳僖公三十年云：

僖公三十年春，晉人侵鄭，以觀其可攻與否。狄閒晉之有鄭虞也，夏，狄侵齊。九月甲午，晉侯、秦伯圍鄭，以其無禮於晉，且貳於楚也。（註三七）

左傳僖公三十一年云：

僖公三十一年春，取濟西田，分曹地也。使臧文仲往，宿于重館。重館人告曰：「晉新得諸侯，必親其共。不速行，將無及也。」從之。分曹地，自洮以南，東傅于濟，盡曹地也。襄仲如晉，拜曹田也。秋，晉蒐于清原。作五軍，以禦狄。趙衰爲卿。（註三八）

左傳僖公三十二年云：

三十二年春，楚鬭章請平於晉，晉陽處父報之，晉、楚始通。（註三九）

晉文公在城濮戰後雖伏楚成爲霸主，其與諸小國必有許多交往。國語僅記伐鄭國獲得詹叔伯，而左傳記載，各國的君主會于溫、圍許國、魯僖公二十九年，各國臣子又會，三十二年，晉楚開始恢復交往。

魯襄公十一年，魯國季武子打算編定三個軍，國語僅記叔孫穆子持反對意見，而左傳則記叔孫穆子終於同意，並記載三軍之分配以及三家措理私家軍隊方式，如此，魯國建三軍全部過程，始行完備。此爲單一事件，左傳增加敍述完整者。

國語記「惠王三年，邊伯、石速、蔿國出王而立子頹，王處於鄭三年……」子頹何人？如何能篡位？一無所知，必須讀左傳，知子頹爲莊王嬖妾所生之子。再加上惠王樹立許多敵人，所以他們聯合起來叛亂。鄭伯虢叔殺了王子頹及五大夫，惠王始能復位。國語僅記最後鄭伯虢叔殺了王子頹，五大夫及惠王復位事。此爲左傳較國語多添許多原因及經過之記載。

周襄王欲以狄女爲后，富辰諫他。國語記載重在以狄女爲后不宜。左傳重狄人貪婪之個性發論。重要者，左傳將狄人侵周之經過詳爲記述，國語則簡單帶過。吾人見所舉周室二事，左傳皆將歷史之原委很完整的記載清楚。在二千多年前，能有此解釋，在我國史學史中應有崇高地位。此爲左傳較國語加强記載之方式也。

國語所記晉武公伐翼，欒武死難，事情發生在魯桓公二年，要了解此事發生的原因，必須讀左傳所追溯於春秋以前魯惠公時代之記載。這種追溯的方法，現在寫斷代史的人是經常使用的方法，而它則源於左傳。

吾人僅讀國語兩篇關於衞成公之記載，不知衞成公被捕，與周王及晉侯有何關係，而左傳將衞國當初如何依楚反晉，國內政治如何變化，造成成公被捕，娓娓敘述淸楚，於是較國語增加了很多，深達著史之目的。再國語記：「使醫鴆之，不死。」似有天助。魯國臧文仲據此發議。左傳記：「寧俞貨醫，使薄其鴆。」實左傳重人事之表現。

晉滅虞虢二國，在春秋初年，是一件相當重要的大事，吾人見左傳自魯桓公十年起卽有記載，先記其兩國君有不安份之個性。後記神降於莘，太史過向周惠王分析，虢必定亡國。晉國荀息請用屈地出產的馬匹和乘棘出產的玉璧向虞國借路以攻打虢國，宮之奇勸阻此事，虞君不聽。晉再度向虞借道攻虢，宮之奇再諫，晉遂滅虞。吾人見周語上列內史過因有神降於莘，向周王分析虢應滅亡之理。晉語二記虢國夢神人，命國人慶夢，舟子橋分析虢必亡國率領其族人到晉國。兩者比較，則見國語未將晉滅虞虢二國之經過完整記載，左傳較國語增加很多，再若僅僅讀國語，似乎虢之亡國在於神降於莘，則左傳較國語重人事。

魯成公二十七年，各國爲遵守宋盟約，一同朝拜楚國。左傳所記的國家有宋、陳、鄭、許等國。到漢水時，楚康王死，襄公欲返國，叔仲昭伯同子服惠伯二人各持相反意見辯論，最後還是決定去楚國。但宋國的向戌決定回國，宋公遂返宋。吾人可看到，國語只記叔仲昭伯與子服惠伯之辯詞，只是一國之事。左傳所記爲此事有關之國家，範圍較廣。

晉文公在城濮戰勝楚後，國語僅記伐鄭國。而左傳記僖公二十八年城濮戰勝以後的各年，郋與各國諸侯盟會於溫，並率諸侯伐許，恢復曹國。二十九年，由狐偃同魯僖公同諸國的臣子又會。三十年伐鄭，三十一年分曹國土地，三十二年晉楚兩國恢復交往，由此知左傳所記範圍較廣。

由前面許多例證，知國語記事，許多是孤立的，令讀者無法知其原由，而左傳確能將之或前或後，或左右相關者說明清楚，在春秋時代者，因然記出，必要時，春秋以前亦行補述，從記載範圍說，左傳亦較國語爲廣，此深合史學方法。

【註釋】

註一　中國歷史研究法　梁啓超著　二頁　六十六年　中華

註二　歷史論集　卡耳著　王任光譯　八五頁　五十七年　幼獅

註三　中國歷史研究法　梁啓超　二頁　六十六年　中華

註四　歷史論集　卡耳著　王任光譯　四〇頁　五十七年　幼獅

註五　歷史論集　卡耳著　王任光譯　四二頁　五十七　幼獅

註六　國語　卷五　魯語下　一八八頁

註七　左傳　襄公　九八六頁

註八　國語　卷一　周語公　二六頁

註九　左傳　莊公　二一二—三頁

註　十　國語　卷二　周語中　四八－五三頁

註十一　左傳　僖公　四二五－六頁

註十二　國語　卷七　晉語一　二五一頁

註十三　左傳　桓公　九一－五頁

註十四　左傳　桓公　一一九頁

註十五　左傳　桓公　一二一頁

註十六　左傳　桓公　一二三頁

註十七　左傳　桓公　一二五頁

註十八　左傳　莊公　二〇三頁

註十九　莊公　二〇六－七頁

註二十　國語　卷二　周語中　五九頁

註二一　國語　卷四　魯語上　一六一－二頁

註二二　左傳　僖公　四五一　四六六－七　四六八－七　四七二－三頁

註二三　左傳　僖公　四七八－九頁

註二四　國語　卷一　周語上　二九－三三頁

註二五　國語　卷八　晉語二　二九五－九頁

註二六　左傳　桓公　一二七－八頁

註二七　左傳　莊公　二三四頁

註二八　左傳　莊公　二三六頁

註二九　左傳　莊公　二五一—二頁

註三〇　左傳　僖公　二八一—三頁

註三一　左傳　僖公　三〇六—一一頁

註三二　國語　卷五　魯語下　一九一頁

註三三　左傳　襄公　一一五一—二頁

註三四　國語　卷十　晉語四　三八〇頁

註三五　左傳　僖公　四七三—四頁

註三六　左傳　僖公　四七六—七頁

註三七　左傳　僖公　四七八—九頁

註三八　左傳　僖公　四八六—七頁

註三九　左傳　僖公　四八八頁

下篇　左傳與國語對於歷史事件記載之分析

一、鄭莊討不庭與攘夷

國語中鄭語所記爲鄭桓公爲司徒時與史伯之對話（註一），（據史記鄭世家知，桓公爲司徒在幽王時期，時在春秋以前。又據鄭語末稱：「幽王八年而桓公爲司徒（註二）。」）其文意爲分析周室將亂之理，并建議桓公佔領虢、鄭之間爲避難之所，然時間在春秋以前。實際上在春秋初期，鄭國相當重要，地憑黃河，西依周室，其時齊、晉、楚尚未強盛，他以王臣的地位，借王命征討諸侯：

第一次爲隱公元年，莊公以王師、虢師伐衞，左傳云：

冬十月，鄭共叔之亂，公孫滑出奔衞，衞人爲之伐鄭，取廩延。鄭人以王師、虢師伐衞南鄙。請師於邾。邾子使私於公子豫，豫請往，公弗許，遂行。及邾人、鄭人盟於翼。不書，非公命也。（註三）

二年冬，鄭人伐衞，討公孫滑之亂也。（註四）

隱公五年，以王師會邾師伐宋，左傳云：

宋人取邾田。邾人告於鄭曰：「請君釋憾於宋，敝邑爲道。」鄭人以王師會之，伐宋，入其郛，以報東門之役。（註五）

隱公九年，繼以王命伐宋國，左傳云：

九年，宋公不王。鄭伯爲王左卿士，以王命來告伐宋。會於防，謀伐宋也。（註六）

隱公十年，與魯、齊二國之師敗宋師，并將所獲土地，給魯國，左傳云：

十年春王正月，公會齊侯、鄭伯于中丘。癸丑，盟於鄧，爲師期。夏五月，羽父先會齊侯、鄭伯伐宋。六月戊申，公會齊侯、鄭伯于老桃。壬戌，公敗宋師于菅。庚午，鄭師入郜。辛未，歸于我。庚辰，鄭師入防。辛巳，歸于我。君子謂鄭莊公于是乎可謂正矣，以王命討不庭，不貪其土，以勞王爵，正之體也。（註七）

同年又因違王命討伐郕國，左傳云：

冬，齊人、鄭人入郕，討違王命也。（註八）

這可以使吾人知鄭莊公於春秋初期爲一相當活躍份子，且其已承王命討伐，爲後起之霸主征伐多借王命之名的先聲。

至於攘夷，莊公亦有二次，一次為隱公九年，左傳云：

九年冬，北戎侵鄭，鄭伯禦之，患戎師，曰：「彼徒我車，懼其侵軼我也。」公子突曰：「使勇而無剛者，嘗寇而速去之。君為三覆以待之。戎輕而不整，貪而無親，勝不相讓，敗不相救。先者見獲，必務進；進而遇覆，必速奔。後者不救，則無繼矣，乃可以逞。」從之。戎人之前遇覆者奔，祝聃逐之，衷戎師，前後擊之，盡殪。戎師大奔。十一月甲寅，鄭人大敗戎師。（註九）

第二次為桓公六年，左傳云：

桓公六年夏，北戎伐齊，齊侯使乞師於鄭。鄭大子忽帥師救齊。六月，大敗戎師，獲其二帥，大良、少良；甲首三百，以獻於齊。（註一〇）

由此可知鄭莊公亦開春秋時代諸侯攘夷的先聲。

【註釋】

註一　國語　卷十六　鄭語　頁五〇七—一三

註二　國語　卷十六　鄭語　頁五二四

註三　左傳　隱公元年　頁一八—一九

註　四　左傳　隱公二年　頁二三
註　五　左傳　隱公五年　頁四七
註　六　左傳　隱公九年　頁六五
註　七　左傳　隱公十年　頁六七－九九
註　八　左傳　隱公十年　頁七〇
註　九　左傳　隱公九年　頁六五－六六
註一〇　左傳　桓公六年　頁一一三

二、周鄭交質

進論春秋之所以亂，由於封建制之破壞，封建制度破壞之原因固然很多，但初期之破壞，由於平王東遷以後，周天子力量減弱，武力不足以鎮壓諸侯爲其首要，最能表現此現象者，爲周鄭交質，左傳隱公三年云：

隱公三年，鄭武公、莊公爲平王卿士，王貳于虢。鄭伯怨王，王曰「無之」，故周鄭交質，王子狐爲質于鄭，鄭公子忽爲質于周。（註一）

如此一來，天子權威盡失，進而質亦無用，同年左傳云：

王崩，周人將畀虢公政。四月，鄭祭足帥師取溫之麥；秋，又取成周之禾。周鄭交惡。（註二）

鄭莊公還派祭足去搶奪周天子之麥和禾。

【註釋】

註一　左傳　隱公三年　頁二六—二七

註二　同前註

三、周鄭交兵

至桓公五年，鄭莊公與周天子兵戎相向，左傳云：

桓公五年，王奪鄭伯政，鄭伯不朝。秋，王以諸侯伐鄭，鄭伯禦之。王爲中軍；虢公林父將右軍，蔡人衞人屬焉；周公黑肩將左軍，陳人屬焉。鄭子元請爲左拒，以當蔡人、衞人；爲右拒，以當陳人，曰：「陳亂，民莫有鬭心。若先犯之，必奔。王卒顧之，必亂。蔡、衞不枝，固將先奔。既而萃于王卒，可以集事。」從之。曼伯爲右拒，祭仲足爲左拒，原繁、高渠彌以中軍奉公，爲魚麗之陳。先偏後伍，伍承彌縫。戰于繻葛。命二拒曰：「旝動而鼓！」蔡、衞、陳皆奔，王卒亂，鄭師合以攻之，王卒大敗。祝聃射王中肩，王亦能軍。祝聃請從之。公曰：「君子不欲多上人，況敢陵天子乎！苟自救也，社稷無隕，多矣。」夜，鄭伯使祭足勞王，且問左右。（註一）

結果周兵大敗，周王受傷，莊公雖不爲己甚，禁止部下追逐，并派祭足去慰問周王，實乃將周天子衰弱現象暴露無遺，封建精神完全破壞。高士奇曾論：

臣士奇曰：鄭桓公死驪山之亂，其子武公及武公之子莊公相繼爲王朝卿士，國于虢、鄶之閒，無遠天室。周之東遷，固嘗依之。其地親而功大，誠難遽泯。平王暱于虢公，欲授之政。周人不能裁以大義，卒踐其言。此交惡之所由始也。夫臣子之於君父，信而見疑，忠而被疏，則益負罪引慝，積其忠誠，以冀一旦之悔悟而已。乃上下相要，愛子出質，君臣之分等於敵國，左氏直稱「周鄭」，蓋深疾鄭伯之不臣也。及虢公柄用，祭仲悍然，稱麥禾之戈，目中尙有天子耶？春秋世，諸侯放恣而用兵王室者，自鄭莊始。滅理、犯分，甘擧父、祖之勤勞而盡棄之，悖已甚矣。桓王繼立，銜麥禾之怨，來朝不答，固失不念舊惡之義，與善鄭以勸來者之權，取鄔、劉、蔿、邘之田，而償以所必不得。桓王所以處鄭者，誠不能無過。乃鄭遂鞅鞅廢述職之禮，曾不思要言、質子，取麥、取禾，敢施之天子，不顧其難堪。王禮少不愜意，而以無禮報之，臣誼之謂何？至天子總帥六師，問罪境上，不歸死司寇，頓首伏辜；遽興師而與之抗，逞子元之狡謀，縱祝聃之狂矢。向使王不能軍，此際寧有天日耶？至請從而不許，託不敢陵天子之名，夜使祭足勞王，且問左右，飾殷勤曲謹之節，而其玩弄王室如股掌，情罪益彰矣。當日者，以天子之兵，加以四國雲附之旅，豈不能覆一鄭？乃徒敗軍奔，王威幾頓。蓋虢爲王所暱，其奔也，力不贍也，非有貳心於鄭也。若陳、蔡、衞，則實無鬬志，望旗而靡，疑有同類之懼焉。唐世諸藩鎮合兵討賊，往往徘徊觀望，不欲盡力，意亦如此。故繻葛之敗，蔡、衞、陳亦不爲無罪也。胡文定嘉其從王，未之察耳。（註二）

左傳將之娓婉曲折記載清楚，如是則使研究春秋史者很清楚的了解演變之脈絡，此誠不可缺者，而國語在這些方面則全無記載。

【註釋】

註一　左傳　桓公五年　頁一〇四—一〇六

註二　左傳記事本末　卷一　工朝交魯　頁八—九　民國六十九年　里仁

四、鄭國始衰

當時鄭莊公挾天子以令諸侯，交齊魯而攻宋衞，其中交往征伐經過，左傳分年予以記載今日吾人將之綜合，卽可得知其形勢之轉變，實甚繁瑣，不再多贅，而國語一無記載。至齊桓公爭霸時期，鄭國由於內亂已中衰，與魯宋、衞同居擁護者之地位，但因與宋國有舊仇，在魯莊公十五年，偷襲宋國，次年齊、宋、衞三國合兵伐鄭（註一），楚國此時也伐鄭國，這是齊、楚兩大國以鄭國爲衝突焦點的開始。魯莊公二十一年，鄭厲公與虢公保護周惠王，並殺公子頹使周惠王得以復位，左傳云：

二十一年春，胥命于弭。夏，同伐王城，鄭伯將王自圉門入，虢叔自北門入，殺王子頹及五大夫。鄭伯享王于闕西辟，樂備。王與之武公之略，自虎牢以東。原伯曰：「鄭伯效尤，其亦將有咎。」五月，鄭厲公卒。（註二）

此外，並於齊國以外，聯合秦、晉、虢等國，與齊對抗。若鄭厲公不死，幾可以繼齊桓公爲霸王，春秋中葉的形勢，將會改變。

魯僖公二十七年，楚王率陳侯、蔡侯、鄭伯、許男圍宋，是城濮之戰的序幕。（註三）

【註釋】

註一　左傳　莊公十五年　頁二〇〇

註二　左傳　莊公二十一年　頁二一六－一七

註三　左傳　僖公二十七年　頁四四四－四六

五、齊桓稱霸

看左傳中早期齊國所記，範圍相當廣泛，首先記述齊國如何滅掉鄰近的紀國。齊桓公之所以能成霸業，用人得當，政治清明，有效的組織人民，誠為重要原因。基本上，國家強盛必須有雄厚的力量供其運用。古代國家力量的來源是土地與人民。在西周各國受封之初，土地大小，人民多少相去不會太遠，後世國力有強弱，完全在於是否有兼併土地與人民的機會。齊國之所以能強，併吞紀國是一件很重要的事，也是齊國開始走向霸主的第一步。按輿地考，齊都臨淄，在今日青州，古紀城在今日壽光，壽光距青州七十里。紀國成爲齊國向外發展的首要障碍，齊國欲強盛，必先要滅紀國。要滅紀國當然經過許多周折，依左傳中所記，魯隱公二年，「紀裂繻來逆女，卿爲君逆也。」（註一）紀君娶魯女爲妻。魯隱公二年冬「紀子帛，莒子盟于密，魯故也。」（註二）紀、莒二國因魯國關係而結盟。八年，魯隱公與莒人結盟於浮來（註三），也是增強了紀國的聲勢。桓公五年「齊侯、鄭伯朝于紀，欲以襲之，紀人知之。」（註四）齊襄公和鄭伯一同朝拜紀國，想趁機襲擊，其陰謀爲紀國人所悉，未能成功。桓公六年夏「會于成，紀來諮謀齊難也。冬，紀侯來朝，請王命，以求成于齊，公告不能。」（註五）紀侯與魯桓公會於成，商量討齊的策略。該年冬天，紀侯到魯國，想因桓公以請周天子向齊國求和，因魯桓公無寵於天子，所以告其不能。

魯桓公九年，周娶紀女紀姜爲王后，當然紀國想借周天子以壯其勢（註六）。桓公十七年春「盟于黃，平齊紀，且謀衞故也。」（註七）齊、紀、魯三國盟于紀國的黃邑，主要是平息齊、紀兩國緊張氣氛。

莊公三年秋「紀季以酅入于齊，紀於是乎始判。」（註八）紀侯的三弟紀季把酅邑併入齊國，受齊國保護，紀國自此而後就開始分裂了。

魯莊公四年「紀侯不能下齊，以與紀季。夏，紀侯大去其國，違齊難也。」（註九）紀侯因為不甘委身侍奉齊國，所以把國家讓給紀季，夏天，紀侯斷然離開紀國，以避免齊國的壓迫。

又莊公十年「齊侯之出也，過譚，譚不禮焉。及其入也，諸侯皆賀，譚又不至。冬，齊師滅譚，譚無禮也。譚子奔莒，同盟故也。」（註一〇）齊桓公借逃亡時期譚國國君對他沒有禮貌為理由，歸國以後，各國諸侯皆來慶賀，譚國又故意不來，冬天就將它滅掉了。

莊公十三年春天「會于北杏，以平宋亂，遂人不至。夏，齊人滅而戍之。」（註一一）齊桓公在北杏會合諸侯，以平定宋國的亂事，而遂國不參加，該年夏天就派兵消滅遂國，並派人加以戍守。

從上面左傳記載的零星事件，綜合的說明，齊國所以強盛，在襄公時代滅了紀國，到齊桓公初期滅了譚和遂兩國。紀國在齊以東，譚、遂兩國在齊以西，這時的齊國疆土已佔了泰山北部，是以知齊桓公所以能成霸業，除了運用尊王之美名，並聯合諸侯力量北以禦戎，南以伏楚外，基本上他必須自己有足夠的力量做基礎，齊相繼兼併紀、譚、遂三國，就是在從事這種奠基的工作。實際上，春秋早期是鄭國獨強的局面，但是鄭國在當時的天下之中，國家無從發展。鄭莊公去逝後，國家在四面受敵之下，馬上就衰敗下來。由此更可證明土地的廣大，是霸業不可缺少的。

另外從記載中知紀君在危急時曾拉攏魯國，娶魯女爲妻，魯國也曾協助他同莒國結盟，周天子又娶紀女爲后，種種措施均未能阻止齊國的侵略。此已充份的表示春秋時代弱肉強食，禮崩樂墮的形勢。魯爲周公之後，諸國尊重者，周天子亦復不能鎮壓強齊。尤更甚者，齊爲太公之後姓姜，紀國亦姓姜，西周是我國極講禮的時代，禮所強調的是守份己，謙讓，親親和睦，而齊國同姓相殘，完全破壞禮的精神。其後齊桓公號稱霸主，樹立尊王攘夷的旗幟，一付爲周天子行道的樣子，盟會時更是大講道義，吾人從記載中分析，實爲欺人的騙術。

關於桓公之武功，齊語作綜合之敘述，左傳爲依年分事記載。綜合說明誠然簡潔清楚，然似桓公全心忠周尊王，使讀者了解的僅爲一面。左傳各事分別記載，使吾人更可以知桓公成霸之經過及精神之所在。如前所述莊公十年之桓公滅譚，這純粹是一個自私行爲。另僖公四年，桓公之所以伐楚，因爲他的一個夫人蔡姬被遣回，而蔡國將她嫁了，遂派兵攻打蔡國，蔡國敗後爲了掩蓋他的私心，乃進而伐楚，以表示他爲公的心胸，這也是一件以公掩私的行動。（註一二）史記齊世家則寫明：「管仲因而伐楚」；另閔公元年，桓公關心魯國內亂時，卽向其臣仲孫湫說：「魯可取乎」（註一三），充份的顯露彼時有乘人之危，併人國家的心理。

齊語將齊桓公與管仲前後事功，作綜合的說明，其法近似近日作通史之法，在二千年前有此方法，實爲創擧，亦難能可貴。然就國語一書而論似有欠缺，因任何一良好之史者，必須勻稱，前所稱桓公接受管仲意見，對齊國政治之改革，如彼之詳盡，而關於其功業的記敘又如此之簡略，其中有事尚待考證，姑不討論。在詳盡方面則不如左傳，如：莊公十三年，齊桓公在北杏會合諸侯，平定宋國內亂，此爲桓公第一次會合諸侯。（註一四）

後來宋國背叛齊國，莊公十四年「諸侯伐宋，齊請師于周。夏，單伯會之，取成于宋而還。冬，會于鄄，宋服故也。」（註一五）再會合諸侯，并請周天子派兵參加，是挾天子以令諸侯的作用。十五年「復會焉，齊始霸也。」（註一六）再會諸侯，齊桓公正式稱霸。莊公二十八年春「齊侯伐衞，戰，敗衞師，數之以王命，取賂而還。」（註一七）敗衞後，并告訴他是王命，但是得到賄賂就退兵。

由上可知關於桓公尊王之目的，只是稱霸的手段。莊公十四年伐宋時，向天子請兵參加，二十七年，周天子派召伯廖命齊侯伐衞國，到二十八年，桓公攻衞時，告以是奉天子之命，表示此爲天子主動的意思。重要者，僖公四年，桓公率諸侯伐楚時，左傳云：

楚子使與師言曰：「君處北海，寡人處南海，唯是風馬牛不相及也，不虞君之涉吾地也，何故？」管仲對曰：「昔召康公命我先君太公曰：『五侯九伯，女實征之，以夾輔周室。』賜我先君履，東至于海，西至于河，南至于穆陵，北至于無棣。爾貢包茅不入，王祭不共，無以縮酒，寡人是徵。昭王南徵而不復，寡人是問。」對曰：「貢之不入，寡君之罪也，敢不共給，昭王之不復，君其問諸水濱。（註一八）楚王派使臣問南伐之理由，管仲的回答，則爲標準的挾天子以令諸侯的口吻。

此外，國語對於侵鄭一事，全無記載，宋、鄭兩國爲春秋時獵取之目標，其位居齊楚兩大之間，爲霸主爭奪之焦點。其動態的瞭解，是吾人對春秋時代之形勢更多的認識。

莊公十五年秋「諸侯爲宋伐郳，鄭人閒之而侵宋。」（註一九）十六年夏「諸侯伐鄭，宋故也。鄭伯自櫟入，緩告於楚。秋，楚伐鄭，及櫟，爲不禮故也。冬，同盟于幽，鄭成也。」（註二〇）十七年春，「齊人執鄭詹，鄭不朝也。」（註二一）鄭國不朝於齊，遂拘拿了執政鄭詹。十七年夏，「遂因氏、頜氏、工婁氏、須遂氏饗齊戍，醉而殺之，齊人殲焉。」（註二二）遂人饗宴齊國的戍卒，使其醉而殺之，齊人卽將該國滅掉。二十七年夏，「同盟于幽，陳、鄭服也。」（註二三）因陳、鄭二國皆表服從，而同盟於幽。

僖公元年秋，楚國攻鄭國，因其跟隨齊，諸侯在犖結盟，商議救鄭國的政策。（註二四）

僖公二年，楚國伐鄭國（註二五），三年，在陽穀盟，商議伐楚，齊國要求魯國參加，冬天，魯國的公子友到齊國參加盟會。楚又伐鄭，鄭伯因而不敵，欲求和，而孔叔則謂不可。（註二六）

另周惠王想廢太子鄭，僖公五年夏，桓公會於首止，阻止了這件事（註二七），所以對桓公深爲不滿，在秋季盟會時，惠王要鄭伯叛齊從楚，幷令晉國協助他，鄭國果眞逃會。（註二八）六年，齊卽伐鄭，祇因楚國藉圍許以救鄭而未有結果。（註二九）七年，齊人再伐鄭，鄭國始降服。（註三〇）此事表示了周惠王對桓公之不滿，左傳中記述詳實，而國語則付闕。

僖公五年夏「會于首止，會王大子鄭，謀寧周也。」僖公六年夏「諸侯伐鄭，以其逃首止之盟故也。圍新密，鄭所以不時城也。秋，楚子圍許以救鄭。諸侯救許，乃還。」僖公七年，齊人伐鄭。僖公八年春「盟于洮，謀王室也，鄭伯乞盟，請服也。」（註三一）

以上記載，有助於吾人了解春秋時代，南北爭霸的眞象：

以春秋形勢論，窺視中原者，南爲楚，北爲戎狄，西爲秦。此時秦穆公尙未興起，戎狄文化不高，未發展成爲良好之政治組織，其力量僅足擾亂，不能長久對中原威脅。而楚國在南方「篳路藍縷」的經營，建立爲一強國，所謂春秋爭霸，實爲中原霸主抵制楚國的北上。在齊桓公時代，楚已滅了息鄧等國，攻入蔡國，跟著又伐鄭國，勢力已發展到中原。吾人於左傳中記載，僖公四年，桓公之所以伐蔡，完全出於自私，而伐楚則乃假公濟私的行爲。左傳記載是以僖公四年伐楚時，楚亦不甘示弱，屈完說：「君若以力，楚國方城以爲城，漢水以爲池，雖衆，無所用之。」（三二）桓公亦未敢輕易發動戰爭，僅結盟而還。

在此情況下，鄭國利用機會時常表示不服。基本上鄭國在春秋初期是以強國態勢出現，一時不願服於人。魯莊公十五年，當諸侯爲宋國討伐郳的時候，鄭國趁機侵略宋國；魯莊公十六年，桓公率諸侯伐鄭，因爲鄭國報告慢了，同年秋，楚國又伐鄭，齊桓公與諸侯和鄭國盟會。魯莊公十七年，因爲鄭國不朝，齊人逮捕鄭國執政鄭詹。魯莊公二十七年，陳鄭二國服從後，在幽這個地方同盟。魯莊公二十八年，楚又伐鄭。魯莊公三十二年，桓公爲楚伐鄭之事，邀各國盟會。魯僖公六年，楚國因鄭國服從齊國，乃前來討伐鄭國。魯僖公五年，周天子命鄭侯不聽命於齊桓公，所以不參加首止盟會。魯僖公六年夏，桓公又率領諸侯討伐鄭國，而楚國攻許國來牽制齊國。魯僖公七年春，齊國再伐鄭國，鄭始降服。該年秋，齊桓公與諸侯盟放甯母，欲謀鄭國；冬天，鄭國請求參加盟會。魯僖公八年，鄭伯請盟會，乃爲了服從之故。

據上，桓公之在中原稱霸實爲不易，鄭國之所以反覆爲叛，實倚恃於楚國爲後盾，而國語所記，「遂南征伐楚，濟汝，踰方城，望汶山，使貢絲於周而反。」（註三三）關於鄭國事，一無記載，是桓公得霸似甚輕易，一舉而服楚。再齊伐山戎於莊公三十年，伐狄爲僖公元年事，伐楚爲僖公四年事，則伐山戎早伐楚八年，比伐狄早四年，而齊語則記在伐楚之後，

則時間有誤。（註三四）

至於桓公攘夷之功績包括：

魯莊公三十年冬，齊人伐山戎。

魯莊公三十二年，狄伐邢。

魯閔公六年，齊人救邢。

魯閔公二年，狄人滅衞。魯僖公元年，諸侯遷邢於夷儀，僖公二年，桓公封衞于楚丘，並給予牲畜，天下諸侯皆稱仁焉。（註三五）

進言者，國語於桓公之卽位經過所述亦嫌簡略，並未記述其兄襄公之亂造成國內之不安，而左傳將之敍述清楚，而知桓公不應立而立的原因。左傳記載襄公何等荒淫，如何被弑，公子糾如何出奔魯國，桓公如何出奔莒國，繼位之公孫無知如何被殺，如此將桓公爲何能爲齊君，在其爲君以前，魯國曾送公子糾回國，桓公捷足先登，而後有鮑叔薦管仲之事，齊語中亦有鮑叔推管仲之記載，但未將關係說明，僅云：「夫管夷射寡人中鉤，是以濱於死。」（註三六）而左傳中敍述管仲本追隨公子糾，其爲爭立，所以仇敵相向，繼有誆騙魯國而生得管仲之事（註三七）。

齊語中桓公使鮑叔爲宰，而未敍述鮑叔曾追隨桓公奔莒，所以始得桓公如此之信任。否則桓公如何相信其言，重用一位曾欲致其死地之敵人爲其宰，並且言聽計從。誠然，左傳關於推薦之對話不如國語之詳（註三八），但前後關係及原因已說明，使吾人可知彼爲何會如此應對，再則可知桓公之豁然大度，能任用敵人之能臣，遂能成霸業。

苟吾人不知左傳所記之經過，則國語中記載，桓公爲何自莒返齊？管仲爲何射桓公中鉤？管仲又爲何在魯？鮑叔向魯詎得管仲之語，不甚了解，終使讀者迷遑。在齊語敘述中將鮑叔之能賢，齊桓公之能用賢，強調到極處，這是它的優點。但一部良好的歷史著作，必須多方面去尋找原因，再任何一件事的發生，絕不是孤立的，相關者一定很多。依此史學立場言，其未稱完備。歷史著作中之專史是循某一層面且強調一觀點。而通史、斷代史則需敘述社會之全面，各事之原委皆須敘述清楚。至於左傳對於管仲內政未提提及，但對於歷史的全部尚無大碍。

魯僖公九年，葵丘會後，周天子賜桓公胙時，命令無須下拜，但桓公還是跪拜如儀，此表示桓公對周天子仍存有相當的禮貌，齊語亦記此事，大意相同，唯增記此意出自管仲。（註三九）

無齊桓公之死，當亦爲齊語之缺失：

考齊語僅記桓公稱霸之事，於其死亡及諸子爭立經過一無記載。此實爲齊國由盛而衰的關鍵，從整個春秋時代言，霸權從此轉到宋襄公，再轉到晉文公，以齊國論，從此喪失主宰的地位，終春秋之世，成爲次要國家。以桓公個人論，其才實爲平庸，在管仲死後，即不能有所作爲，左傳對此記載十分詳盡，從史著的完整立場言，則左傳稍強。

【註釋】

註一　左傳　隱公二年　頁二三　民國七十一年　源流

註二　同前註

註三　左傳　魯隱公八年　頁六〇

註四　左傳　魯桓公五年　頁一〇四

註五　左傳　魯桓公六年　頁一一二、一一七

註六　左傳　魯桓公九年　頁一二四

註七　左傳　魯桓公十七年　頁一四九

註八　左傳　魯莊公三年　頁一六一

註九　左傳　魯莊公四年　頁一六五

註一〇　左傳　魯莊公十年　頁一八四—八五

註一一　左傳　魯莊公　十三年　頁一九四

註一二　左傳　魯僖公三年　頁二八六　魯僖公四年　頁二八八

註一三　左傳　魯閔公元年　頁二五七
註一四　左傳　魯莊公十三年　頁一九三
註一五　左傳　魯莊公十四年　頁一九六
註一六　左傳　魯莊公十五年　頁二〇〇
註一七　左傳　魯莊公二十八年　頁二三八
註一八　左傳　魯僖公四年　頁二九一
註一九　左傳　魯莊公十五年　頁二〇〇
註二〇　左傳　魯莊公十六年　頁二〇二—〇三
註二一　左傳　魯莊公十七年　頁二〇五
註二二　同前註
註二三　左傳　魯莊公二十七年　頁二三六
註二四　左傳　魯僖公元年　頁二七八
註二五　左傳　魯僖公二年　頁二八四
註二六　左傳　魯僖公三年　頁二八六
註二七　左傳　魯僖公五年　頁三〇五
註二八　左傳　魯僖公五年　頁三〇六
註二九　左傳　魯僖公六年　頁三一三
註三〇　左傳　魯僖公七年　頁三一五

註三一　左傳　魯僖公八年　頁三二一

註三二　左傳　魯僖公四年　頁二九二

註三三　國語　卷六　齊語　頁二四二　民國六十九年　里仁

註三四　同前註。國語云：桓公卽位數年，東南多有淫亂者，萊、莒、徐夷、吳、越，一戰帥服三十一國。遂南征伐楚，濟汝，踰方城，望汶山，使貢絲於周而反。荆州諸侯莫敢不來服。遂北伐山戎，刜令支、斬孤竹而南歸。

註三五　國語　卷六　齊語　頁二四六云：狄人攻邢，桓公築夷儀以封之，男女不淫，牛馬選具。狄人攻衞，衞人出廬于曹，桓公城楚丘以封之。其畜散而無育，桓公與之繫馬三百。天下諸侯稱仁焉。於是天下諸侯知桓公之非爲己動也，是故諸侯歸之。

註三六　國語　卷六　齊語　頁二二一

註三七　左傳　魯莊公八年　頁一七六－七七　莊公九年　頁一七九－八〇云：

莊公八年，初，襄公立，無常。鮑叔牙曰：「君使民慢，亂將作矣。」奉公子小白出奔莒。亂作，管夷吾、召忽奉公子糾來奔。

初，公孫無知虐于雍廩。九年春，雍廩殺無知。公及齊大夫盟于蔇，齊無君也。夏，公伐齊，納子糾。桓公自莒先入。

秋，師及齊師戰於乾時，我師敗績。公喪戎路，傳乘而歸。秦子、梁子以公旗辟于下道，是以皆止。

鮑叔帥師來言曰：「子糾，親也，請君討之。管、召、讎也，請受而甘心焉。」乃殺子糾于生竇，召忽死之。管仲請囚，鮑叔受之，及堂阜而稅之。歸而以告曰：「管夷吾治於高傒，使相可也。」公從之。

註三八　國語　卷六　齊語　頁二二一云：桓公自莒反於齊，使鮑叔爲宰，辭曰：「臣，君之庸臣也。君加惠於臣，使不凍餒，則是君之賜也。若必治國家者，則非臣之所能也。若必治國家者，則其管夷吾乎。臣之所不若夷吾者五：寬惠柔民，弗若也；治國家不失其柄，弗若也；忠信可結於百姓，弗若也，制禮義可法於四方，弗若也；執枹鼓立於軍門，使百姓皆加勇焉，弗若也。」桓公曰：「夫管夷吾射寡人中鉤，是以濱於死。」鮑叔對曰：「夫爲其君動也。君若宥而反之，夫猶是也。」桓公曰：「若何？」鮑子對曰：「請諸魯。」桓公曰：「施伯，魯君之謀臣也，夫知吾將用之，必不予我矣。若之何？」鮑子對曰：「使人請諸魯，曰：『寡君有不令之臣在君之國，欲以戮之於群臣，故請之。』則予我矣。」桓公使請諸魯，如鮑叔之言。

註三九　國語　卷六　齊語　頁二四五云：葵丘之會，天子使宰孔致胙於桓公，曰：「余一人之命有事於文、武，使孔致胙。」且有後命曰：「以爾自卑勞，實謂爾伯舅，無下拜。」桓公召管子而謀，管子對曰：「爲君不君，爲臣不臣，亂之本也。」桓公懼，出見客曰：「天威不違顏咫尺，小白余敢承天子之命曰『爾無下拜』，恐隕越於下，以爲天子羞。」遂下拜，升受命。賞服大輅，龍旗九旒，渠門赤旂，諸侯稱順焉。

左傳　魯僖公九年　頁三二〇云：九年夏，會于葵丘，尋盟，且修好，禮也。王使宰孔賜齊侯胙，曰：「天子有事于文、武，使孔賜伯舅胙。」齊侯將下拜。孔曰：且有後命。天子使孔曰：『以伯舅耋老，加勞賜一級，無下拜！』」對曰：「天威不違顏咫尺，小白余敢貪天子之命，無下拜，恐隕越于下，以隕天子羞。敢不下拜？」下拜，登，受。

六、楚國的強大

國語卷十七及十八楚語所記，起始爲莊王使士亹傅太子箴之說詞，則莊王以前者毫無記載。進考左傳，桓公二年記：「蔡侯、鄭伯會於鄧，始懼楚也。」（註一）表示楚國開始強大。今據李宗侗先生春秋左傳今註今釋所冠之春秋列國地圖分析，更能了解，蔡侯、鄭伯始懼楚之原因：

依兩湖輿圖中所記，楚國初封於今日湖北省秭歸附近，後遷於丹陽，卽今湖北省枝江附近，地區悉在湖北省西部。再依河南輿圖：鄭國在今日河南省北部鄭縣稍北，蔡國在河南省東南部上蔡縣附近，則知楚國在春秋初期力量已達中原地帶，尤鄭國緊逼成周，此兩國更感覺受威脅。其時楚國並未將此範圍內之國家完全消滅，以後才慢慢蠶食鯨吞附近的小國：如莊公十六年所滅之鄧（註二）在今河南西部新野縣西北附近。莊公十四年所滅之息，（註三）在今日河南東部鄰安徽新蔡附近，蔡國則位於河南鄰平漢路上蔡。僖公五年所滅之弦，（註四）在湖北東部黃岡東北，十二年，所滅之黃國（註五）位於河南省東南潢川附近。二十三年，所伐之陳，（註六）在河南近安徽之淮陽。二十六年滅夔，（註七）卽湖北之秭歸。文公四年所滅之江國，（註八）在河南東南正陽縣之南。文公十六年滅庸，（註九）爲湖北西部近四川竹山縣，房縣之間。宣公八年，滅舒蓼（註一〇），舒近皖北桐城，蓼近霍邱，成公十七年，滅舒庸（註一一），襄公二十五年滅舒鳩（註一二），李圖於桐城附近著有群舒。

前所舉爲左傳零星記載，但爲研究春秋史必須知曉者，考春秋史之研究，各國紛爭，霸權成立，夷狄之侵略，社會變遷等等均爲重要內容。其中夷狄之侵略一項，因其政治組織不完善，侵略多屬零星個別，規模既不大，且不長久。初期齊桓公所攘之赤狄，雖曾威脅曹衞，終春秋時代，未見大規模侵脅。春秋時代在吳越未起以前，與齊、宋、晉爭霸者，僅爲楚國，楚國如何強大，強大到如何程度，乃爲必須知道者，由前文知，桓公二年，楚之力量威脅由今日湖北西部延伸到河南省北部之鄭。在莊公十四年滅息，十六年滅鄧，則楚在今日安徽已確有國土，爲侵略中原之根據地。如此是以知僖公四年，齊桓公伐楚，阻止其北上，爲何等之重要。此後，僖公五年，滅弦，十二年滅黃，如此楚在其勢力範圍內，盡量消滅異己，增厚實力。由此角度亦可知僖公二十二年宋襄公圖霸，却在泓之役失敗的原因，因爲此時的楚國，實力已甚雄厚，而宋國在襄公以前，未見併吞一國，國力毫無發展，至於諸侯之兵力，在戰爭中僅爲輔助而已，本身力量不強，失敗自其應當。（註一四）其後楚於僖公二十三年取得陳國焦、夷兩塊土地，（註一三）二十六年滅湖北境內之夔。

二十八年卽楚莊王與晉文公爭霸之城濮之役。由以上的了解，楚在南方勢力已相當強大，西起湖北西部，東至安徽東境，南起長江，北至河南中部，內部反對力量亦肅淸殆盡。是以戰爭起始，楚帥子玉有輕敵而驕之心理，說：「今日必無晉矣。」（註一五）另外，晉文公懷非常畏懼心情應付此次戰爭，連做夢都在與楚王搏鬥，卽使戰勝，尙不敢輕心，等到子玉死後，晉文公始眞正認爲戰爭勝利，而感到可喜，說：「蔿呂臣實做令尹，只知保守自己的利益，不會爲人民著想。」（註一六）

在晉文公知道，楚國地廣人衆，力量仍然是很強，只要有一個有作爲的令尹來領導，晉國霸主地位，還是不安穩的。從另外一件事來看，晉文公會諸侯於溫這個地方，要率領諸侯去朝周天子，因感覺力量不足，恐怕有人反叛，乃派人召周襄王到踐土來，他再率領諸侯朝拜天子。所以孔子作春秋時說：「以臣召君，不可以訓。」（註一七）故書曰：「天王狩于河陽。」（註一八）這表示楚國的力量還是很強大，晉文公始終未敢輕視，未如宋襄公在泓之役失敗以後，楚卽不再畏懼宋國，因爲宋的基礎太薄，除原有的封土以外，未增一土地與人民，而楚國則不然，就楚國全部歷史論，濮城之戰，僅是一次挫折，其在南方繼續發展，毫不損害爲一個強國的地位，這點吾人可從成王死後，楚國仍做他兼併工作的史實得證之。有關楚國開拓疆土的事蹟，左傳中均有詳盡的敍述，實有助後人了解楚國爲何興起的原因。

【註　釋】

註　一　左傳　桓公二年　頁九〇　民國七十一年　源流

註　二　左傳　莊公十六年　頁一七〇（列於莊公六年條下）

註　三　左傳　莊公十四年　頁一九八

註　四　左傳　僖公五年　頁三〇六

註　五　左傳　僖公十二年　頁三四〇

註　六　左傳　僖公二十三年　頁四〇二

註　七　左傳　僖公二十六年　頁四四一

註　八　左傳　文公四年　頁五三四

註　九　左傳　文公十六年　頁六一九

註一〇　左傳　宣公八年　頁六九六

註一一　左傳　成公十七年　頁九〇三—四

註一二　左傳　襄公二十五年　頁一一〇八

註一三　左傳　僖公二十三年　頁四〇二

註一四　左傳　僖公二十六年　頁四四一

註一五　左傳　僖公二十八年　頁四六一

註一六　左傳　僖公二十八年　頁四六八

註一七　左傳　僖公二十八年　頁四七三

註一八　同前註

七、宋襄圖霸

宋國於春秋時代雖未能強如晉楚，但終春秋之世，宋國在各事件中，悉爲相當重要之配角。考宋國於春秋時代有三事爲必須記載者，一爲宋襄公之圖霸，二爲華元之弭兵，三爲向戌之弭兵大會。三者中向戌弭兵大會稍有成就，使晉楚二國息兵多年。其他二者，宋襄公雖圖霸未成，未有重大成就，但仍影響春秋之局勢相當大，到今日仍將其列爲春秋五霸之一。

左傳則將其敍述淸楚，左傳云：

魯僖公十七年，齊桓公與管仲屬孝公於宋襄公，以爲大子。冬，桓公卒，易牙入，與寺人貂因內寵以殺群吏，而立公子無虧。孝公奔宋。（註一）

魯僖公十八年春，宋襄公以諸侯伐齊。夏五月，宋敗齊師於甗，立孝公而還。（註二）

從左傳記載中得知，宋襄公之圖霸，似由齊桓公之授意。魯僖公十七年，其受桓公之託，撫立其子齊孝公，而齊孝公因國內混亂逃奔宋國，魯僖公十八年，宋襄公率領諸侯軍隊擊敗齊國，使齊孝公重返齊國。這表示宋襄公在諸侯之間已完全是一霸主之姿態出現如「魯僖公十九年春，宋人執滕宣公。」（註三）同年秋天「宋人圍曹，討不服也。」（註四）宋襄公捕了滕宣公，又攻打曹國。「魯僖公二十一年春，宋人爲鹿上之盟，以求諸侯於楚。」（註五）則於鹿上盟會向楚國求諸侯。

魯僖公二十二年因爲鄭國國君朝拜楚國，宋襄公伐鄭，楚國爲救鄭，遂攻宋國，宋楚在泓大戰宋，爲楚人所敗，致受傷而死，左傳云：

魯僖公二十二年春三月，鄭伯如楚。夏，宋公伐鄭。子魚曰：「所謂禍在此矣。」秋，楚人伐宋以救鄭，宋公將戰。大司馬固諫曰：「天之棄商久矣，君將興之，弗可赦也已。」弗聽。冬十一月己巳朔，宋公及楚人戰於泓。宋人旣成列，楚人未旣濟，司馬曰：「彼衆我寡，及其未旣濟也，請擊之。」公曰：「不可。」旣濟而未成列，又以告。公曰：「未可。」旣陳而後擊之，宋師敗績。公傷股，門官殲焉。國人皆咎公。（註六）

二十三年夏五月，宋襄公卒，傷於泓故也。（註七）

此戰爭似爲鬧劇，戰場中表現君子風度，亦是千古奇聞，敗固當然。於此知所謂春秋之霸，力量爲第一，仁義僅爲其策略而已，而宋襄公却本末倒置。

再進一步分析，吾人可知，齊桓公之所以能霸，在於前述齊襄公時期之滅紀，使齊國的土地人民倍增；而晉文公所以能稱霸，晉獻公滅虞虢為之奠定基礎，至於楚莊王所以能霸，楚武王時代滅權，楚文王時代滅鄧、息等國，則為其重要因素，這些事實，說明了春秋時代之強國，多在邊疆興起，因地近戎狄、蠻夷，易於發展，再經過四方拓展，到了戰國，方成七雄之勢。而宋國的地理環境，無法讓他能順利的開拓疆土，實不能不謂是無法成霸的另一項致命傷。

進一步論，襄公圖霸雖未成功，但其確有齊桓之雄心，而且楚國在打敗宋國以後，攻打陳國，奪取焦夷地方，又替陳國的敵人頓國築了一個城，換言之，楚國力量已進入中原。更重要者，這時候因中原無霸主。諸侯互相攻伐，夷狄入侵，時勢危急到極點。吾人研究春秋此一段歷史，必須討論其成因，也就是必須知道宋襄公圖霸一事。

有關春秋各霸的史實，吾人於左傳中均可見其記載，經由這些證據，則易予吾人一個明晰的概念，但若檢閱國語，則齊語中全無滅紀之記述，楚語則從莊王開始，全無武、文二王史跡，更遑論滅鄧、息之事。至於晉語中雖有記晉獻公滅虞虢二國之事，但也十分簡略，二相比較，又顯示出左傳完整之處。

【註釋】

註一　左傳　僖公十七年　頁三七四—七六　民國七十一年　源流
註二　左傳　僖公十八年　頁三七七—七八
註三　左傳　僖公十九年　頁三八一
註四　左傳　僖公十九年　頁三八三
註五　左傳　僖公二十一年　頁三八九
註六　左傳　僖公二十二年　頁三九三及三九七
註七　左傳　僖公二十三年　頁四〇二

八、鄭依違晉楚二大之間

魯僖公二十九年晉文公與秦國合力圍鄭國，鄭派燭之武乘夜縋城到秦軍去，見秦伯，使私自與鄭國結盟，並派大大杞子、逢孫、楊孫、三人帶兵替鄭國守禦，秦伯則自己帶兵回國。（而鄭人迎了奔晉的公子蘭爲鄭君，以與晉國講和），但此卻造成晉秦決裂的先聲。（註一）

魯僖公三十二年，秦穆公想偷襲鄭國，晉文公子襄公邀擊秦軍殽山，秦軍大敗，主帥被擒（註二），阻止了秦人逐鹿中原機會，在春秋時代，亦爲重大之事件。

晉襄公以後，爲晉楚爭霸膠著時代，鄭居兩大之間，遂成爭逐焦點，鄭國則以強者是依，吾人將之摘錄於後，則可以知鄭國在春秋時代之重要性。左傳云：

宣公三年夏，楚人侵鄭，鄭卽晉故也。（註三）

四年冬，楚子伐鄭，鄭未服也。（註四）

五年冬，楚子伐鄭。陳及楚平。晉荀林父救鄭，伐陳。（註五）

六年春，晉、衞侵陳，陳卽楚故也。冬，楚人伐鄭，取成而還。（註六）

七年，鄭及晉平，公子宋之謀也，故相鄭伯以會。冬，盟于黑壤。王叔桓公臨之，以謀不睦。（註七）

九年楚子爲厲之役，故伐鄭。晉郤缺救鄭。鄭伯敗楚師于柳棼。國人皆喜，唯子良憂曰：「是國之災也，吾死無日矣。」（註八）

十年鄭及楚平。諸侯之師伐鄭，取成而還。冬，楚子伐鄭。晉士會救鄭，逐楚師于潁北。諸侯之師戍鄭。（註九）

十一年春，楚子伐鄭，及櫟。子良曰：「晉、楚不務德而兵爭，與其來者可也。晉、楚無信，我焉得有信？」乃從楚。夏，楚盟于辰陵，陳、鄭服也。

厲之役，鄭伯逃歸。自是楚未得志焉。鄭卽受盟于辰陵，又徼事于晉。（註一〇）

十二年春，楚子圍鄭，旬有七日。

十二年夏六月，晉師救鄭。（註一一）

十四年夏，晉侯伐鄭，爲邲故也。告於諸侯，蒐焉而還。中行桓子之謀也，曰：「示之以整，使謀而來。」鄭人懼，使子張代子良于楚。鄭伯如楚，謀晉故也。鄭以子良爲有禮，故召之。（註一二）

國家之內政與外交是相互影響的，是以歷史記載必須兼顧，始能了解演變之全貌。如魯成公十六年，晉國侵鄭，楚國前往救助，戰於鄢陵，楚共王被箭射壞了眼睛，鄭成公便以感恩戴德的心情對待楚國，唯其命是聽。（註一三）

鄭成公與楚關係良好，魯成公十八年，鄭成公會楚國侵宋（註一四），魯襄公元年，再侵宋，次年又侵，而對晉國的態度非常倔強，左傳云：

鄭成公疾，子駟請息肩於晉。公曰：「楚君以鄭故，親集矢於其目；非異人任，寡人也。若背之，是棄力與言，其誰暱我？免寡人，唯二三子。」秋七月庚辰，鄭伯睔卒。於是子罕當國，子駟爲政，子國爲司馬，晉師侵鄭，諸大夫欲從晉。子駟曰：「官命未改。」（註一五）

自己病了，大夫欲向晉修好，成公還是不答應。等到他死了以後，鄭國才轉向晉國。

【註釋】

註一　左傳　僖公二十九年　頁四七六－七七
註二　左傳　僖公三十二年　頁四八九－九一　僖公三十三年　頁四九七－五〇一
註三　左傳　宣公三年　頁六七二
註四　左傳　宣公五年　頁六八四
註五　左傳　宣公五年　頁六八六－八七
註六　左傳　宣公六年　頁六八七
註七　左傳　宣公七年　頁六九二
註八　左傳　宣公九年　頁七〇三
註九　左傳　宣公十年　頁七〇八－〇九
註一〇　左傳　宣公十一年　頁七一一及七一六
註一一　左傳　宣公十二年　頁七一八及七二一
註一二　左傳　宣公十四年　頁七五四
註一三　左傳　成公十六年　頁八八〇－八七
註一四　左傳　成公十八年　頁九一一
註一五　左傳　襄公二年　頁九二一－二二

九、華元弭兵

次論宋華元之弭兵：弭兵在春秋時代實是一件重大事件，因爲當時戰爭頻繁，國與國間之混戰，人民苦痛已達到極點。乃有人提倡和平，使國際間確實得到一時之平靜，是爲此時代之大事，史書亦必須記載。宋華元之弭兵爲魯成公十二年，事僅隔三年，楚國即違約，即是說，其效果很小，但其後向戌仿之而有第二次弭兵，使晉楚爭霸暫告一段落，其功效不能不爲不大，從敘述歷史之立場言，必須將其說明，而國語未有記載。再看左傳除將晉楚兩國在各國之活動皆有記述外，弭兵之原委歷年也都詳爲記載。如魯成公七年，左傳云：

七年春，鄭子良相成公以如晉，見，且拜師。秋，楚子重伐鄭，師於氾。諸侯救鄭。鄭共仲、侯羽軍楚師，囚鄖公鍾儀，獻諸晉。八月，同盟于馬陵，尋蟲牢之盟，且莒服故也。晉人以鍾儀歸，囚諸軍府。（註一）

楚人伐鄭，鄭人囚得楚人鍾儀，并獻給晉國。魯成公九年：

晉侯觀于軍府，見鍾儀。問之曰：「南冠而縶者，誰也？」有司對曰：「鄭人所獻楚囚也。」使稅之。召而弔之。再拜稽首。問其族，對曰：「泠人也。」公曰：「能樂乎？」對曰：「先父之職官也，敢有二事？」使與之琴，操南音，公曰：「君王何如？」對曰：「非小人之所得知也。」固問之。對曰：「其爲大子也，師保奉之，以朝于嬰齊而夕于側也，不知其他。」公語范文子。文子曰：「楚囚，君子也。言稱先職，不背本也；樂操土風，不忘舊也；稱大子，抑無私也；名其二卿，尊君也。不背本，仁也；不忘舊，信也；無私，忠也；尊君，敏也。仁以接事，信以守之，忠以成之，敏以行之。事雖大，必濟。君盍歸之？使合晉、楚之成。」公從之。重爲之禮，使歸求成。

十二月，楚子使公子辰如晉報鍾儀之使，請修好、結成。（註二）

晉侯釋放鍾儀回楚國，欲其促成晉、楚和平，同年十二月楚國爲答鍾儀之使，派公子辰到晉國。魯成公十年「晉侯使糴茷如楚，報大宰子商之使也。」（註三）晉國使糴茷到楚國，以報公子商（卽公子展）之使。到魯成公十一年：

宋華元善於令尹子重，又善於欒武子。聞楚人既許晉糴茷成，而使歸復命矣。冬，華元如楚，遂如晉，合晉、楚之成。（註四）

宋國華元同楚國的令尹子重和晉國的執政欒武子都很要好，而聽說楚國答應晉國糴茷的和談，遂往兩國促成和好。

魯成公十二年春，宋華元克合晉、楚之成。夏五月，晉士燮會楚公子罷、許偃。癸亥，盟于宋西門之外。（註五）

魯成公十二年雙方正式同盟於宋國西門之外，三年後：

魯成公十五年夏，楚將北師，子囊曰：「新與晉盟而背之，無乃不可乎？」子反曰：「敵利則進，何盟之有？」申叔時老矣，在申，聞之，曰：「子反必不免。信以守禮，禮以庇身。信、禮之亡，欲免，得乎？」楚子侵鄭，及暴隧。遂侵衞，及首止。鄭子罕侵楚，取新石。欒武子欲報楚，韓獻子曰：「無庸！使重其罪，民將叛之。無民，孰戰？」（註六）

楚國的子產違反和約攻伐曹國。魯成公十六年卽有晉楚鄢陵之役，此爲春秋重要戰役之一。由此可知，左傳不但詳述盟會的經過，同時還列出此盟會的前因後果。

【註釋】

註一　左傳　成公七年　頁八三三

註二　左傳　成公九年　頁八四四—四五及八四七

註三　左傳　成公十年　頁八四八

註四　左傳　成公十一年　頁八五四
註五　左傳　成公十二年　頁八五六
註六　左傳　成公十五年　頁八七三

十、向戌弭兵

關於向戌弭兵之會，國語晉語卷十四云：

諸侯之大夫盟于宋，楚令尹子木欲襲晉軍，曰：「若盡晉師而殺趙武，則晉可弱也。」文子聞之，謂叔向曰：「若之何？」叔向曰：「子何患焉。忠不可暴，信不可犯，忠自中，而信自身，其爲德也深矣，其爲本也固矣，故不可抈也。今我以忠謀諸侯，而以信覆之，荆之逆諸侯也亦云，是以在此。若襲我，是自背其信而塞其忠也。信反必斃，忠塞無用，安能害我。且夫合諸侯以爲不信，諸侯何望焉。爲此行也，荆敗我，諸侯必叛之，子何愛於死，死而可以固晉國之盟主，何懼焉？」是行也，以藩爲軍，攀輦卽利而舍，候遮扞衞不行，楚人不敢謀，畏晉之信也。自是沒平公無楚患。

宋之盟，楚人固請先歃。叔向謂趙文子曰：「夫霸王之勢，在德不在先歃，子若能以忠信贊君，而裨諸侯之闕，歃雖在後，諸侯將載之，何爭於先？若違於德而以賄成事，今雖先歃，諸侯將棄之，何欲於先？昔成王盟諸侯于岐陽，楚爲荊蠻，置茅蕝，設望表，與鮮卑守燎，故不與盟。今將與狎主諸侯之盟，唯有德也，子務德無爭先，務德，所以服楚也。」乃先楚人。（註一）

其中僅稱諸侯之大夫盟於宋，既未列前因，亦未說明經過與結果，只記楚國令尹子木欲襲晉軍，而晉知道後，叔向乃規勸趙文子守著信與忠，及盟會時，楚人要求先歃的一段經過。

單讀國語，吾人無法知道晉楚爲何有此盟會，更不能知此盟會對於春秋時代的影響。左傳的記載則不同，左傳云：

魯襄公二十五年，趙文子爲政，令薄諸侯之幣，而重其禮。穆叔見之，謂穆叔曰：「自今以往，兵其少弭矣。齊崔、慶新得政，將求善於諸侯。武也知楚令尹，若敬行其禮。道之以文辭，以靖諸侯，兵可以弭。」（註二）

魯襄公二十七年，宋向戌善於趙文子，又善於令尹子木，欲弭諸侯之兵以爲名。如晉，告趙孟。趙孟謀於諸大夫。韓宣子曰：「兵，民之殘也，財用之蠹，小國之大菑也。將或弭之。雖曰不可，必將許之。弗許，楚將許之，以召諸侯，則我失爲盟主矣。」晉人許之。如楚，楚亦許之。如齊，齊人難之。陳文子曰：「晉、楚許之，我焉得已？

且人曰：『弭兵』而我弗許，則固攜吾民矣，將焉用之？」齊人許之。告於秦，秦亦許之。皆告於小國，爲會於宋。

辛巳，將盟於宋西門之外，楚人衷甲。（註三）

進一步讀左傳的記載，魯襄公二十五年，趙文子爲政，由薄諸侯之幣，及對穆叔的對話，表明其有弭兵之意向，并分析齊楚亦有此可能，是以二十七年向戌正式進行此運動：首先敍述「宋向戌善於趙文子，又善於令尹子木，欲弭諸侯之兵以爲名。」隨後將向戌之背景及在此運動中的地位說明清楚，接著記述晉楚二國的反應，其他還舉出齊國人的態度做爲小國的代表，特別說明：「皆告於小國，爲會於宋。」然後詳列參加之人名，到達時間并交談之狀況。重要者將楚人不守信義，盟會時裹了甲（衷甲）參加。

其後左傳記各國交往之情形，如魯襄公二十八年齊侯、陳侯、北燕伯、杞伯、胡子、沈子、白狄朝於晉，（註四）同年魯侯、陳侯、鄭伯、許男到楚國，爲的宋盟。（註五）其中交往情況記載頗詳，而國語僅稱「自是沒平公無楚患。」（註六）由是國語所記者爲晉國叔向之能諫，趙武之能聽諫，同時是以晉爲中心，未著眼春秋各國，是以左傳爲各國之歷史。更有論者，國語中記「自是沒平公無楚患」，顯然在叔向勸趙文子守信之後，至此記盟會之事似應結束，但復有先歃之事隨後記事，是國語未能作整篇全體的安排。

【註釋】

註一　國語　卷十四　晉語　頁四六四－六七　民國七十年　里仁

註二　左傳　襄公二十五年　頁一一〇三

註三　左傳　襄公二十七年　頁一一二九及一一三一

註四　左傳　襄公二十八年　頁一一四一

註五　左傳　襄公二十八年　頁一一五一

註六　國語　卷十四　晉語　頁四六五

十一、子產相國

春秋後半期，鄭國受晉楚兩國軍事及經濟的壓迫，弄得民窮財盡，盜賊蠭起，甚至戕殺執政，威刼國君，同時卿族專橫，內亂迭起，所以鄭國比其他各國格外難治，突出者當爲子產。今日撰述當時鄭國之歷史，悉依左傳記載耙梳組織而成，有關子產的政治措施，總括說來是任用賢才，修辭令，以應對諸侯，寬待貴族而猛於治民，嚴禁盜賊，同時開放輿論，以集思廣益。每件事皆詳細敍述其經過，吾人不能一一說明，舉其重要者，如左傳襄公三十年云：

子產爲政，有事伯石，賂與之邑。子大叔曰：「國，皆其國也，奚獨賂焉？」子產曰：「無欲實難，皆得其欲，以從其事，而要其成，非我有成，其在人乎！何愛於邑？邑將焉往？」子大叔曰：「若四國何？」子產曰：「非相違也，而相從也，四國何尤焉？鄭書有之曰：『安定國家，必大焉先。』姑先安大，以待其所歸。」既伯石懼而歸邑，卒與之。伯有既死，使大史命伯石爲卿，辭。大史退則請命焉，復命之，又辭。如是三，乃受策，入拜，子產是以惡其爲人也，使次己位。（註一）

子產最初執政即賄賂大族伯石，是爲牽就現實的政治手段。子產能知人善任，左傳襄公三十一年云：

子產之從政也，擇能而使之。馮簡子能斷大事，子大叔美秀而文；公孫揮能知四國之爲，而辨於其大夫之族姓、班位、貴賤、能否，而又善爲辭令；裨諶能謀，謀於野則獲，謀於邑則否。鄭國將有諸侯之事，子產乃問四國之爲於子羽，且使多爲辭令，與裨諶乘以適野，使謀可否，而告馮簡子使斷之。事成，乃授子大叔使行之，以應對賓客，是以鮮有敗事。」北宮文子所謂有禮也。（註二）

此外，子產能容忍發表反對意見之鄉校，實顯示子產度量之宏偉。左傳襄公三十一年云：

鄭人游於鄉校，以論執政。然明謂子產曰：「毀鄉校如何？」子產曰：「何爲？夫人朝夕退而游焉，以議執政之善否。其所善者，吾則行之；其所惡者，吾則改之，是吾師也，若之何毀之？我聞忠善以損怨，不聞作威以防怨。豈不遽止，然猶防川。大決所犯，傷人必多，吾不克救也。不如小決使道，不如吾聞而藥之也。」然明曰：「蔑也今而後知吾子之信可事也。小人實不才，若果行此，其鄭國實賴之，豈唯二三臣。」仲尼聞是語也，曰：「以是觀之，人謂子產不仁，吾不信也。」（註三）

後子產創丘賦，左傳昭公四年云：

鄭子產作丘賦，國人謗之曰：「其父死於路，己爲蠆尾，以令於國，國將若之何？」子寬以告。子產曰：「何害？苟利社稷，死生以之。且吾聞爲善者不改其度，故能有濟也。民不可逞，度不可改。（註四）

這次賦稅改革，引起人民的反感，人民因此毀謗他，但他仍堅持執行。

在魯昭公六年，子產又鑄刑書（註五）。這不但是鄭國　件大事，在我國法律發展史上也是一件大事。各國未有法典以前，是秘密法時期，法律僅少數人所掌握，絕不令一般人民識其內容。從此以後蛻變爲成文法時期，將法律條文鑄在金屬器上子產爲第一人。到定公九年，鄭國執政駟歂「殺鄧析，而用其竹刑」將法律條文寫在竹器上，則更易流傳。（註六）其他方面，如在與晉楚交涉時，不卑不亢，據理力爭堅守立場，實爲一流之政治家。（

註七）這些史實在左傳上均有記載，而國語全無。

【註釋】

註一　左傳　襄公三十年　頁一一八〇　民國七十一年　源流

註二　左傳　襄公三十一年　頁一一九一

註三　左傳　襄公三十一年　頁一一九一｜九二

註四　左傳　昭公四年　頁一二五四

註五　左傳　昭公六年　頁一二七四

註六　左傳　定公九年　頁一五七一

註七　有關子產在外交方面之成就，請見拙作「司馬遷撰寫史記採用左傳之研究」頁六六｜七一所列各項史實（民國七十一年　正中書局）

結語

比較方法的應用，杜維運先生在其史學方法論書中，有專章討論（註一），不過其主要討論者，爲史料與歷史現象。但是在開始有幾句話發人深思者：就是「不經過比較，無法看出每一種現象所具有的眞正意義，歷史的變動性，將自此不可見。」（註二）意思是說，一件事或一史書，單獨放置在一處，看不出特別來，假如有兩件事或兩史部，在一起互相比較，就可發現其間的不同，在不同中尋求他的道理和原則，關於史書方法的比較研究，我國過去已有不少著作，其中以論史記與漢書者爲多，因二書爲我史學轉變時代之著作，就是通史作法的史記，改爲斷代史作法的漢書，尤漢初部份，兩書同有記載，更可以比較其不同，專門著作最早有宋代倪思的班馬異同（註三），近有吳福助先生的史漢關係（註四），其他史學史書籍中皆有解說。其次爲後漢書與三國志，再次爲新舊唐書及新舊五代史，因爲他們之間不同部份不太多，無專書論述，僅史學史的書中有說明，此點不作深論，實際研究我國史學史，這種方法，應予提倡，既可以得到史學轉變時的脈絡，也可以對史書進一步認識。

張須著通鑑學一書（註五），分析通鑑史學時，說明通鑑採用左傳之方法計有六種，可知左傳的方法，已爲後世典範，然其書成於民國三十四年，近三十多年來史學之新理論不斷出現，當可應用到討論我國史書上，如史家「祇有透過現在的眼睛，我們才能觀察過去，瞭解過去。」（註六）我們依此理論研究左傳，則知其詳載韓趙魏及田氏四家祖先事之原因，以此類推，所得當可甚多。

作者曾著有「司馬遷撰寫史記採用左傳的研究」一書（註七），得到司馬遷著史記時對左傳採用有增有簡的一些原則，本書是左傳對國語的比較，雖未能因之判斷出左傳係增簡國語而成書，或國語爲刪加左傳之作，其有增加簡少現象是確實的，重要的，發現其增減有原則。一本史書與他書比較，有增有簡，又被另一史部增簡而應用，這樣的研究，對這本史書會有更透澈的認識，同時對其時之史學可進一步的瞭解。

比較方法應用於國語與左傳兩書上，還是一種新的嘗試，所以所得到的，不能算是定論，也不能說是兩書全部方法的解說，最明顯的，左傳的思想部份，尚未能充份表達，如戚立煌有「左傳史觀初探」（註八），他純粹站在階級鬥爭的立場寫的，當然我們不能承認，不過表示已有人朝這方向致力了，在我們應該向這方向去發展，求得有深度且持平的思想說明，研究左傳思想，是非常困難，因爲有經學理論存在其中，首先要將這一部份認識淸楚，然後從龐雜淩亂的各人說詞中理出頭緒，再加以解說，又如文中曾說，左傳重視各國之盛衰及國際盟會，僅是概念性的，還相當的直覺，苟深入探討，自會有深度的體會，和具體的說明。這種不但需要嫻熟新的史學理論，更需要作者細心耐心與智慧的觀察，才能做到。

在二千多年前，我國有左傳十九萬六千八百四十五字的一部巨大史著（註九），其記載用一貫的思想，一貫的體例與文詞，對材料的取捨又遵守一定的原則，內容復千頭萬緒，非如椽之筆，不能成也。吾人只可在章學誠與陳觀民工部論史學的書信中（註十），尋出一段文章，道出其中甘苦，因爲許多著史學方法的人，著史經驗不深，從事著史工作者，又甚少寫出其經驗，而章氏有修方志的經驗，所以得知其中酸辛，言之中肯。

【註釋】

註一　史學方法論　杜維運著　八七－一一〇頁　六十八年　華世

註二　史學方法論　杜維運著　八七頁　六十六年　華世

註三　班馬異同　倪　思著　劉辰翁評　明永樂十年刊本

註四　史漢關係　吳福助著　六十四年　曾文出版社

註五　通鑑學　張　須著　四十七年　開明

註六　歷史論集　卡爾著　王任光譯　一八頁　五十七　幼獅

註　七　司馬遷撰寫史記採用左傳之研究　顧立三　六十九年　正中

註　八　文史哲　一九六三年六月　五一—八頁

註　九　春秋左傳今註今譯　李宗侗譯　序言二頁　六十九　商務

註　十　文史通義　章學誠　與陳觀民工部論史學　五一五頁　六十九年　華世

參考書目

〔以下參考書目，除所引書目外，並包括相關書籍，依內容分類、排列。〕

一、史學方法之書籍

姚永樸　史學研究法　民國三年初版　商務印書館
梁啟超　中國歷史研究法（附補編）　民國二十五年　中華書局
陸懋德　史學方法大綱　民國三十四年　獨立出版社
柳詒徵　國史要義　民國三十七年　中華書局
傅斯年　史學方法導論　僅存史料論略一節　見傅孟眞集第二册　民國四十一年　臺灣大學
張致遠　史學講話　民國四十一年　中華文化事業出版社
許冠三　史學與史學方法　一九五八年與五九年自由出版社出版上册，民國六十年環宇出版社出版上下册
許倬雲　歷史研究　民國五十五年　商務印書館

卡爾著　王任光譯　歷史論集　民國五十七年　幼獅文化事業公司
錢穆　中國歷史研究法　民國五十八年　三民書局
姚從吾　歷史方法論（姚從吾先生全集一）　民國六十年　正中書局
余英時　歷史與思想　民國六十五年　聯經出版事業公司
王爾敏　史學方法　民國六十六年　東華書局
卡勒爾著　黃超民譯　歷史的意義　民國六十七年　商務印書館
杜維運　史學方法論　民國六十八年　華世出版社

二、中國史學史書籍

倪思　班馬異同　永樂刑本
劉知幾　史通　民國六十九年　里仁書局
章學誠　文史通義　民國六十九年　華世出版社
趙翼　廿二史箚記　民國六十六年　華世出版社
魏應麒　中國史學史　民國三十年　商務印書館
金毓黻　中國史學史　民國三十年　商務印書館
王玉璋　中國史學史概論　民國三十一年　商務印書館

朱希祖　中國史學史　民國三十二年　獨立出版社
蔣祖怡　史學纂要　民國三十三年　正中書局
張立志　正史概論　民國五十年臺一版（初版待考）　商務印書館
李宗侗　中國史學史　民國四十四年　中華文化出版事業委員會
李宗侗　史學概要　民國五十七年　正中書局
徐文珊　中國史學概要　民國五十六年　維新書局
錢　穆　中國史學名著　民國六十二年　三民書局
杜維運、黃進興編　中國史學史論文選集　民國六十五年　華世出版社
杜維運、陳錦忠編　中國史學史論文選集三　民國六十九年　華世出版社
楊家駱　廿五史識語　民國六十九年　鼎文書局
不著撰人　中國歷史名著欣賞　民國六十七年　莊嚴出版社
張　須　通鑑學　民國四十七年　開明書店
吳福助　史漢關係　民國六十四年　曾文出版社
顧立三　司馬遷寫史記採用左傳的研究　民國六十九年　正中書局

三、左傳、國語專書及相關參考書與論文

孔穎達等　左傳正義　民國四十四年　藝文印書館影印　阮刻十三經注疏本
楊伯峻　春秋左傳注　民國七十一年　源流出版社
竹添光鴻　左傳會箋　民國六十六　鳳凰出版社
陳　槃　左傳春秋義例證　民國三十六年　商務印書館
沈玉成　左傳譯文　民國七十一年　木鐸出版社
劉文淇　春秋左傳舊注疏證　民國五十九年　明倫出版社
安井衡　左傳輯釋　民國五十六年　廣文書局
高本漢　高本漢左傳注釋　民國六十八年　中華叢書編審委員會
吳闓生　左傳微　民國五十八年　新興書局
王　崑　左傳評　民國六十八年　新文豐出版公司
高士奇　左傳紀事本末　民國六十九　里仁書局
馬　驌　左傳事緯　民國五十六年　廣文書局
韓席籌　左傳分國集注　民國六十四年　華世出版社
方　苞　左傳義法　民國六十六年　廣文書局
童書業　春秋左傳研究（無出版年地）

戴君仁等　春秋三傳論文集　民國七十年　黎明文化事業出版公司
方孝岳　左傳通論　民國六十年　商務印書館
張高評　左傳導論　民國七十一年　文史哲出版社
陳新雄、于大成篇　左傳論文集　民國六十五年　木鐸出版社
高葆光　左傳文藝新論　民國六十三年　東海大學
張高評　左傳文章義法撢微　民國七十一年　文史哲出版社
張高評　左傳之文學價值　民國七十一年　文史哲出版社
顧棟高　春秋大事表　民國六十三年　鼎文書局
重澤後郎　左傳人名地名索引　民國六十六年　廣文書局
童書業　春秋史　民國五十八年　開明書店
左丘明　國　語　民國五十九年　四部備要本　中華書局
左丘明　國　語　民國六十九年　里仁書局
張以仁　國語左傳論集　民國六十九年　東昇出版事業公司

四、其　他

裴　駰等　史記三家注　民國六十八年　鼎文書局

李長之　司馬遷之人格與風格　民國五十七年（初版年待考）開明書店
孫德謙　太史公書義法　民國五十八年（初版年待考）中華書局
徐文珊　史記評介　民國六十二年　維新書局
劉偉民　司馬遷研究　民國六十四年　文景書局
劉正浩　太史公左氏春秋義述　民國五十一年　師範大學國文研究所集刊第六號
阮芝生　司馬遷的史學方法與歷史思想　民國六十二年（博士論文）　自刊